Sketche für den Hochzeitstag

urania

Antje Dohrn

Sketche für den Hochzeitstag

Silberne, goldene und andere Jubiläen

Zum Thema bereits erschienen:

Antje Dohrn
Originelle Vortragstexte für jeden Anlass
Sketche, Reden und Verse
ISBN 3-332-01438-2

Antje Dohrn
Lustige Sketche für Familienfeste
ISBN 3-332-01246-0

Antje Dohrn
So wird die Hochzeitsfeier zur Party
ISBN 3-332-01299-1

Gerald Drews
Festreden
Von der Geburt bis zum 100. Geburtstag
ISBN 3-332-01289-4

Ingeborg Düffert
Alles Gute!
Der passende Vers zu jedem Geschenk
ISBN 3-332-01433-1

Ingeborg Düffert
Vortragstexte für Familienfeste
Erprobt und erfolgreich
ISBN 3-332-01245-2

Elke Müller-Mees
Kindersketche für Familienfeste
ISBN 3-332-01298-3

Jutta Rintelen
Heitere Glückwunschverse für jede Gelegenheit
ISBN 3-332-01290-8

Gertrud Teusen
Wir feiern Silberhochzeit
Mit Tipps für weitere Hochzeits-Jubiläen
ISBN 3-332-01127-8

Die Autorin: Antje Dohrn ist ausgebildete Studienrätin für Deutsch, Englisch und Französisch und lebt als Hochschuldozentin und Autorin in Berlin. Sie hat im Urania Verlag bereits sieben erfolgreiche Ratgeber veröffentlicht, darunter in der Reihe »Freizeit und Familie«: »Lustige Sketche für Familienfeste«, »So wird die Hochzeitsfeier zur Party« und »Originelle Vortragstexte für jeden Anlass«.

Bibliografische Information Der Deutschen Bibliothek
Die Deutsche Bibliothek verzeichnet diese Publikation in der Deutschen Nationalbibliografie; detaillierte bibliografische Daten sind im Internet über http://dnb.ddb.de abrufbar.

www.dornier-verlage.de
www.urania-verlag.de

1. Auflage August 2003

Der Urania Verlag ist ein Unternehmen der Verlagsgruppe Dornier.

Die Schreibweise entspricht den Regeln der neuen Rechtschreibung.

Umschlaggestaltung: Behrend & Buchholz, Hamburg
Titelfoto: Zefa/S. Oskar
Lektorat: Dr. Marianne Jabs
Gestaltung und Layout: AS Typo & Grafik, Berlin
Druck: Westermann Druck Zwickau
Printed in Germany

Gedruckt auf alterungsbeständigem Papier mit chlorfrei gebleichtem Zellstoff.

ISBN 3-332-01432-3

Liebe Leserin, lieber Leser ...

Jedes gemeinsam verbrachte Jahr ist es wert, gefeiert zu werden – im kleinen oder großen Kreise.

... fühlen wir uns nicht sofort in die Natur katapultiert, wenn wir diese blumigen Namen für die Hochzeitstage der ersten gemeinsamen Ehejahre hören? *Baumwollene Hochzeit* nach einem Jahr, die *hölzerne Hochzeit* nach dem fünften, gefolgt von der *Rosen-* (10 Jahre) und der *Petersilien(!)hochzeit* nach genau 12,5 gemeinsam verbrachten Jahren Ehe!

Und doch gibt es »magische« Zahlen, Jahrestage, die etwas ganz Besonderes bedeuten.

Wenn diese ersten Höhepunkte noch überwiegend zu zweit begangen werden, mit gegenseitigen kleinen Aufmerksamkeiten und Geschenken, bei einem Picknick im Grünen oder einem romantischen Abendessen, so geben die folgenden Jahrestage oftmals den Anlass zu größeren Feierlichkeiten: *Kristallene Hochzeit* (15 Jahre) und *Porzellanhochzeit* (20 Jahre), die *silberne* (25 Jahre), *Perlen-* (30 Jahre) und schließlich die *Rubinhochzeit* (40) Jahre lassen schon an ihren Namen erkennen, dass es sich bei dem jeweiligen Ereignis um ein ganz besonders wertvolles handelt, das auch gebührend gefeiert werden soll!

Nach 25 Ehejahren hat man ein Vierteljahrhundert miteinander verbracht, nach 50 Jahren sogar schon eine Jahrhunderthälfte!

Verstärkt gilt das für die *goldene Hochzeit* (50 Jahre) und darauf folgende Jubiläen im hohen und höchsten Alter: Von der *Juwelenhochzeit* (55 Jahre) über die *Diamantenhochzeit* (60 Jahre) und die *eiserne Hochzeit* (65 Jahre) können sich die Festlichkeiten bis zur *Gnadenhochzeit* (70 Jahre) oder sogar zur *Kronjuwelenhochzeit* (nach 75 Jahre Ehe!) fortsetzen. Für diese Ereignisse, die nach wie vor in großem Rahmen begangen werden, gibt es in diesem Buch eine reiche Auswahl an Spielvorschlägen, denn Spaß und Freude sollen neben den feierlich-ernsten Tönen auf diesen Festen nicht zu kurz kommen.

Insgesamt sind die in diesem Buch zusammengestellten Sketche kurze Momentaufnahmen aus dem Lebensalltag, die uns allen bekannte Situationen lustig bis ironisch vor Augen führen und so manchen »Vorfall« mitunter auch etwas über- oder auf die Spitze treiben ... Sie sind sowohl für das Jubiläumspaar als auch seine Gastgesellschaft gedacht und sollen dabei helfen, eine fröhliche Feier- und Feststimmung aufkommen zu lassen. Die Sketche sind thematisch einzelnen besonders passenden Ehephasen zugeteilt, sind aber nicht auf diese Jahrestage beschränkt und können oftmals ausgetauscht werden – je nach Vorstellungen und thematischen Vorlieben des Publikums. Vielleicht bekommen so auch die »Grünschnäbel« unter den Verheirateten nach der Erprobung und Aufführung des einen oder anderen Sketches für die silberne oder goldene Hochzeit in der Familie oder bei Freunden Lust, die (eigenen) ersten Ehejahre in ähnlicher Form und bunter Runde zu feiern!

Viel Spaß im Vorfeld und gutes Gelingen bei der Aufführung der Sketche für all Ihre kommenden Ehejubiläen wünscht Ihnen

Antje Dohrn

Tipps
zur Planung und Aufführung

Ein bisschen Vorbereitung
im Vor- und Umfeld
der geplanten Vorführungen,
und die Stücke/Sketche
laufen fast von selbst!

Sketche

Sketche eigenen sich besonders gut für kleine theatralische Darbietungen auf Festen; sie tragen zur Unterhaltung der Gastgeber und Gäste bei, bringen Abwechslung in das Festprogramm und verbreiten darüber hinaus eine gute und entspannte Stimmung. Durch ihre Kürze lassen sie sich einzeln oder zu mehreren an vielen Stellen des Festes einbringen und sind ohne großen organisatorischen Aufwand im Vorfeld während der Feierlichkeiten umsetzbar.

Auswahl der Sketche

Stimmen Sie die Auswahl der Sketche auf die Gastgeber und die Gäste, auf jeweilige Interessen, bekannte charakteristische Eigenschaften, Vorlieben, Stärken und Schwächen, das Alter und andere Voraussetzungen der Gruppe ab. Sie kennen die Jubilare und ihr Publikum am besten! Was die eine Gesellschaft amüsant findet, könnte sich in einer anderen als Tritt ins Fettnäpfchen erweisen ...

Überdenken Sie die Zeit, die für die Aufführung der Sketche zur Verfügung steht. Welchen Stellenwert sollen die Sketche im Programm haben? Sollen sie nur eine kleine Pause bis zur Eröffnung des Büfetts überbrücken oder mehr Raum einnehmen? Sie können in jedem Fall zwischen einzelnen kurzen (3- bis 5-minütigen) und längeren (10- bis 15-minütigen) Sketchen wählen oder mehrere Sketche unterschiedlicher Länge nacheinander oder mit Pausen zwischendurch aufführen.

Unterschiede im Sprechtempo der Darsteller und die persönliche Ausführung der Handlung können dazu führen, dass sich die angegebene Dauer des Sketches leicht verändert.

Achten Sie bei der Auswahl der Sketche ebenfalls auf thematische und personelle Abwechslung, sodass die Stücke jedes Mal ihre Wirkung beim Zielpublikum voll entfalten können und die Konzentration beibehalten wird.

Darsteller

Bei einigen Sketchen gibt es Angaben zum Aussehen und zum Alter der spielenden Personen. Diese richtungsweisenden Angaben können leicht verändert werden. Die ausgewählten Darsteller sollten ihren Rollen entsprechen und die Figuren überzeugend darstellen können. Abweichungen vom vorgegebenen Alter sind leicht durch Make-up und Perücken, Accessoires und Kostüme auszugleichen.

Mobiliar, Requisiten und Bühnenbild

Die hier versammelten Sketche sind alle ohne großen Aufwand an Mobiliar und Requisiten aufführbar. In den meisten Fällen werden Gegenstände verwendet, die sich mühelos in jedem Haushalt finden oder mit wenig Aufwand bei ein bisschen Planung im Vorfeld beschafft bzw. gestaltet werden können. Alternativen für den Notfall (z. B. Couch statt Stühle) sind angegeben. Erfahrungsgemäß sind ein bis maximal zwei Tage ausreichend, um auch die Dinge zusammenzustellen, die sich vielleicht nicht in jedem Haushalt befinden. (Ich denke an das ausgestopfte Reptil aus dem Sketch *50-jähriges Jubiläum!*)
An einigen Stellen finden Sie den Vermerk »nach Belieben«. Hier bleibt es den Organisatoren und Darstellern überlassen, eigene Ideen und Geschmäcker bzw. auf das Zielpublikum besonders zugeschnittene Ideen kreativ umzusetzen.

Kostüme

Alle angegebenen Kleidungsstücke und Kostüme sind leicht beschaff- und tragbar. Detailliertere Angaben dienen einer genaueren Vorstellung von den Charakteren und der Skizzierung ihrer Besonderheiten und Schrullen – die sich ja oftmals in der Kleidung niederschlagen. Bestimmte Kleidungsstücke symbolisieren auch bestimmte Altersgruppen oder sind ein beabsichtigtes Klischee unserer Vorstellungen von den dargestellten Personentypen. Auch hier können Veränderungen und Übertreibungen in der einen oder anderen Richtung vorgenommen werden. Erlaubt ist, was passt!

Organisation

Die Sketche in diesem Buch eignen sich sowohl für Feiern in Haus und Saal wie auch für Hochzeitsjubiläen unter freiem Himmel.
Das notwendige Mobiliar, Requisiten und andere Gegenstände lassen sich mit einem geringen Mehraufwand problemlos drinnen und draußen einsetzen. Allgemein sollten Sie vor den Aufführungen klären, ob

- ausreichend Platz für die Aufführung zur Verführung steht
- eine feste Tischordnung eingehalten werden muss oder diese gegebenenfalls verändert werden kann
- eine Möglichkeit für einen Off-Bereich geschaffen werden kann, eine Art Hinterraum, in den die Darsteller abgehen, um sich umzuziehen, und aus dem überraschende Effekte und Geräusche kommen können
- es genug Sitzplätze mit guter Sicht und Akustik für alle anwesenden Gäste gibt (Stehplätze und Mikrophone können mögli-

cherweise das Problem lösen)
- Steckdosen für Tonträger und mögliche zusätzliche Lichtquellen vorhanden sind
- evtl. störende Neben- oder Hintergrundgeräusche vorher reduziert oder abgestellt werden können
- Sie Wert auf eine bestimmte Sitzordnung auch während der Aufführungen legen, damit sich passende Gesprächspartner finden und eine nette Atmosphäre beibehalten wird
- zusätzliches Material (außer dem im Text angegebenen) eingesetzt werden soll und wann bzw. wie es auf die Bühne gelangt
- genug Zeit und Platz für mögliche Umbauten und Kostümwechsel innerhalb eines Sketches bzw. zwischen mehreren nacheinander aufgeführten Sketchen eingeplant wurde

Diese Fragen können entweder von den Organisatoren und Darstellern im Vorfeld diskutiert und entschieden werden, oder einzelne Personen können bestimmte Aufgaben übernehmen, um einen reibungslosen Ablauf der Aufführung (gerade bei den etwas längeren oder an Material aufwändigeren Stücken) zu garantieren.
Einzelbereiche der Organisation wären dann z. B.
- die Organisation an sich
- Regie
- Bühnenbild, Material und Dekoration
- Kostüm
- Maske
- Requisiten
- Beleuchtung
- Ton
- Soufflieren
- Inspizienz (Übersicht und Kontrolle der ganzen Aufführung)

Proben und Pannen

Die Sketche in diesem Buch sind insgesamt leicht einstudierbar; die Dialoge entsprechen der gesprochenen Sprache und Umgangssprache, die jedem vertraut und gegenwärtig ist.
Die Länge der einzelnen Sätze überfordert nicht, wobei kleine Versprecher oder eine Auslassung in den meisten Fällen bedenkenlos sind und den Verlauf und die Pointe des Sketches nicht gefährden.
Kleine Pannen passieren sogar Profis! Trotzdem erfordern die Sketche ein gewisses Maß an Einstudierung und Vorbereitung. Nehmen Sie sich Zeit, in Ruhe das ganze Stück, dann die einzelnen Rollen und schließlich die eigene Rolle besonders genau zu lesen und anschließend mimisch und gestisch entsprechend einzustudieren. Zwei bis drei Proben mit allen anderen Darstellern sollten vor der Generalprobe (mit Bühnenbild, Mobiliar etc.) eingeplant werden; dann fühlen sich alle meistens so sicher, dass im Ernstfall niemand mehr wirklich stolpert.
Kleine Versprecher und Gedächtnislücken, kurzes Stottern, plötzliche Schweißausbrüche oder nervöse Beklemmungen während der Aufführung quittieren Sie mit einem kleinen Lächeln ins Publikum. Machen Sie einfach weiter oder fangen Sie gegebenfalls noch einmal von vorne an.
Keiner erwartet von Ihnen einen perfekten Auftritt, und kleine Schwächen geben so mancher Vorführung erst die lustige und persönliche Note!

Licht aus ...

Ein bisschen Lampenfieber vor der richtigen Aufführung gehört einfach mit dazu!
Doch wenn dann schließlich Bild und Ton stimmen, das Mobiliar an der rechten Stelle steht und die Requisiten auf ihren Einsatz warten, das Licht ausgeht und Ruhe im Publikum eingekehrt ist, dann kann das Spiel beginnen!

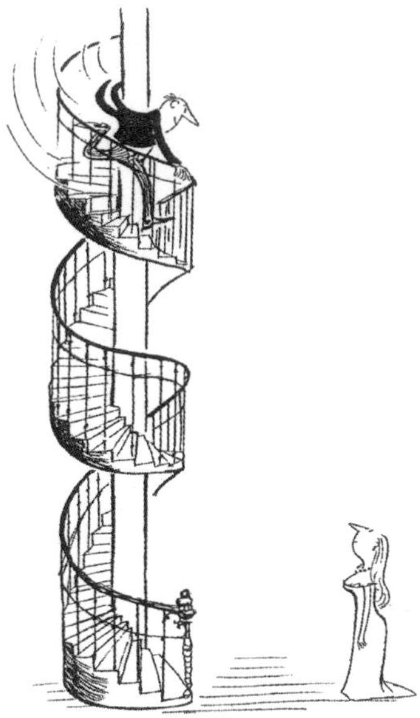

Von der baumwollenen bis zur Petersilienhochzeit

Vom ersten bis zehnten Jahrestag kann der Wind schon mal mächtig in die Segel blasen ...
Die Devise: Volle Fahrt voraus!

Baumwolle statt Seide

Sketchdauer: ca. 3 Minuten
Personen: die Freundinnen Anke und Stefanie, ca. 30 Jahre alt
Mobiliar: Couch, Couchtisch und Sessel oder Tisch und Stühle
Kostüme: Freizeitkleidung oder bequeme Alltagskleidung nach Belieben
Requisiten: zwei gefüllte Weingläser

Eingangsszene: Die beiden Freundinnen sitzen zusammen. Anke sieht die kummervoll vor sich hinstarrende Stefanie interessiert-besorgt an und beugt sich ihr entgegen.

Anke: *(sanft)* Was ist denn los, Steffi?
Steffi: *(abwehrend)* Ach, lass mal! Ich habe nur schlechte Laune heute. Das gibt sich gleich wieder. Erzähl mal, was es bei dir Neues gibt. *(trinkt einen Schluck)*
Anke: *(wendet sich etwas von Stefanie ab)* Also, in der Klinik läuft alles ganz gut momentan. Meine neue Assistentin hat sich wirklich toll eingearbeitet und nimmt mir eine Menge Arbeit ab. Peter und ich hatten vor zwei Tagen unseren fünften Jahrestag, und er hat mit einen Flug nach Paris geschenkt.
Steffi: *(müde)* Na, das ist doch toll!
Anke: Ich hatte eigentlich einen Heiratsantrag erwartet.
Steffi: *(aufstöhnend)* Um Gottes Willen! Lieber nach Paris!
Anke: *(erstaunt)* Moment mal! Du warst doch immer diejenige, die unbedingt heiraten wollte!
Steffi: Ich weiß.
Anke: Und ich dachte, alles sei im letzten Jahr so gut verlaufen zwischen dir und Bernd.
Steffi: Ist es ja auch!
Anke: Hattet ihr nicht vor kurzem euren ersten Hochzeitstag?
Steffi: *(trinkt hastig einen großen Schluck Wein aus ihrem Glas und*

stellt dieses dann ziemlich unsanft auf den Tisch zurück) EBEN!

Anke: Bernd hat ihn doch nicht etwa vergessen?

Steffi: Nein.

Anke: *(nachhakend)* Hat er dir nichts geschenkt?

Steffi: *(sarkastisch)* O doch!

Anke: Es lag also am Geschenk, ja?

Steffi: *(wütend)* Bingo!

Anke: *(neugierig)* Womit konnte er dich denn nur so verärgern?

Steffi: *(genüsslich ihre Wut auskostend)* Rate doch mal!

Anke: *(grübelnd)* Ein läppischer Blumenstrauß von der Tankstelle?

Steffi: Falsch!

Anke: Klebrige Pralinen, bei denen man schon vom Blick auf die Packung zunimmt?

Steffi: Auch nicht!

Anke: Unanständige Unterwäsche aus Seide und Spitze?

Steffi: *(aufbrausend)* Eben nicht!

Anke: *(aufhorchend)* Eben nicht? Wie meinst du das?

Steffi: *(hochfahrend)* Von wegen Seide und Spitze! Bernd hat mir zu unserem allerersten Hochzeitstag drei riesige Baumwollschlüpfer mit Zwickel geschenkt, damit ich mich – wie er sagte – bis zur goldenen Hochzeit niemals verkühle!!!

Erinnerungen

Sketchdauer: ca. 5-10 Minuten
Person: Mechthild, ca. 80 Jahre alt
Mobiliar: Lehnstuhl oder Ohrensessel, ein Beistelltischchen
Kostüm: unkonventionelle Kleidung nach Belieben
Requisiten: eine dicke Zigarre, ein Aschenbecher, ein dickes Buch und eine Lesebrille, vier Bilderrahmen mit Männerfotos, Armbanduhr, ein kleiner Arzneikoffer mit drei kleinen Fläschchen

Eingangsszene: Mechthild sitzt bequem, Zigarre rauchend, in ihrem Lehnstuhl. Auf ihren Knien liegt ein dickes Buch, auf das sie einen Aschenbecher und ihre Lesebrille gelegt hat. Etwas weiter entfernt steht unauffällig ein kleiner Arzneikoffer.

Mechthild: *(auf die Uhr schauend)* Rainer müsste eigentlich längst zu Hause sein! Bestimmt hat er sich etwas verspätet, weil er mir eine Kleinigkeit mitbringen wollte! Die jungen Männer sind heutzutage so romantisch! Vor 50 Jahren war das nicht immer der Fall! *(legt die Zigarre in den Aschenbecher, greift nach einem der Bilderrahmen auf dem Beistelltischchen und sieht sich seufzend das Foto an)* Fast 50 Jahre wäre ich jetzt mit Hans verheiratet gewesen, wenn er noch lebte! Ein herzensguter Mensch, immer für alle da! *(stirnrunzelnd)* Nur mir gegenüber wurde er von Jahr zu Jahr immer geiziger. *(stellt das Bild wieder auf das Tischchen zurück, nimmt einen Zug von ihrer Zigarre und deutet mit einem Zeigefinger auf ein anderes Foto)* Was man von Frankie überhaupt nicht sagen konnte. Der warf in unseren zehn Ehejahren nur so um sich mit dem Geld …, leider auch mit dem, von dem ich nichts wusste … *(legt die Zigarre wieder in den Aschenbecher zurück und nimmt lächelnd das dritte Foto zur Hand)* Ach, der Manfred! So ein gradliniger und zuverlässiger Mann! Jede Abrechnung brachte er mir nach Hause, jede Bankeinzahlung kopierte er. Zu ihm hatte ich richtiges Vertrauen! Ich hätte ihn bestimmt auch geheiratet, wenn er wenigstens eine Spur von Humor gehabt hätte! *(stellt kopfschüttelnd auch dieses Foto zurück und nimmt den vierten Rahmen in die Hand)* Was haben wir immer miteinander gelacht, während unserer fünf Jahre Ehe, nicht wahr, Alfred? Langweilig wurde es mit dir nie! *(seufzend)* Das fanden deine anderen Freundinnen, von denen ich dann nach und nach erfuhr, allerdings ebenfalls! *(stellt das letzte Foto zurück auf das Tischchen, nimmt einen erneuten Zug von ihrer Zigarre und schaut tadelnd auf die Uhr)* Bei der Vitalität seiner knapp 50 Jahre müsste Rainer trotz allem längst zurück sein! *(schmollend)* Es ist auch nicht das erste Mal, dass er zu spät kommt, und schließlich ist heute unser erster Hochzeitstag!! *(legt die Zigarre in den Aschenbecher und das Buch mit allen Gegenständen auf das Beistelltischchen, steht auf und zuckt leicht betrübt die Achseln)* Ich mag es gar nicht, wenn Männer unpünktlich sind! *(geht gemächlichen Schrittes zum Arzneikoffer und wühlt darin herum. Nach und nach zieht sie kleine Glasfläschchen hervor, deren Etikette sie laut vorliest)* Baldrian – nein! Jodtinktur – auch nicht! *(legt beide Fläschchen in den kleinen Koffer zurück und entnimmt ihm ein weiteres)* Da ist es ja! *(liest vor)* Fingerhut für meine Männer *(auf ihre Armbanduhr schauend und das Fläschchen mit einer Hand schüttelnd)* Ich gebe Rainer jetzt noch zehn Minuten, sonst *(bedauernd)* … wird es wohl auch mit ihm nicht der Bund fürs ganze Leben werden!

Finger Food

Sketchdauer: ca. 10 Minuten
Personen: Linda und Mario, ein junges Paar
Mobiliar: ein (Küchen-)Tisch
Requisiten: verschiedene Chips und Salzgebäck in Tüten, in Stücke geschnittenes Gemüse und Obst o. Ä. für Partyhäppchen, Zahnstocher, Teller und Platten

Eingangsszene: Linda öffnet die Chiptüten und ordnet die Chipsorten auf Tellern an, wobei sie leise vor sich hinsummt. Mario spießt die Gemüse- und Obststücke, die in kleinen Gruppen vor ihm auf dem Tisch liegen, auf Zahnstocher. Er wirkt dabei konzentriert, aber etwas düster. Plötzlich schreit er auf, denn ein Zahnstocher hat sich versehentlich in seinen Handteller anstatt in eine Weintraube gespießt.

Mario: *(leicht verärgert)* Autsch! Das musste ja passieren! Was für eine Idee mit diesen blöden 70er Jahre-Partyhäppchen!

Linda: *(ungerührt)* Stell dich nicht so an! Bis eben ging doch alles gut. Außerdem heißen Partyhäppchen heute Finger Food, und alle lieben so etwas!

Mario: *(maulig, seinen Handteller auf Verletzungen hin überprüfend)* Wir hätten ja auch Sushi bestellen können!

Linda: *(auflachend)* Sushi für 30 Leute? Das wäre aber etwas teuer geworden! *(mit einem kurzen Blick auf Mario und seine Hand)* Mach mal lieber weiter mit den Weintrauben, sonst schaffen wir es nicht mehr. In einer Stunde soll es doch schon losgehen.

Mario: *(widerwillig eine Weintraube aufspießend)* Nur keinen Stress! *(etwas vorwurfsvoll)* Schließlich ist heute unser erster Hochzeitstag!!

Linda: *(ihn küssend)* Eben! Und den wollen wir mit unseren Freunden richtig schön feiern.

Mario: *(knurrend)* Mit unseren Freunden.

Linda: Du warst doch einverstanden!

Mario: *(zögerlich)* Ja, schon ...

Linda: Aber?

Mario: Wir hätten ja auch nur zu zweit ...

Linda: *(ihn etwas ungeduldig unterbrechend)* Gestern waren wir schon nur zu zweit!

Mario: *(mit einem vorwurfvollen Seitenblick auf sie)* Gestern war aber auch nicht unser erster Hochzeitstag!

Linda: Deshalb machen wir heute ja auch etwas Besonderes.

Mario: Wir hätten ja auch zu zweit heute in ein tolles neues Restaurant gehen können!

Linda: Waren wir doch letzte Woche schon! Fand ich übrigens höchst mittelmäßig! Kein guter Tipp von Jutta!

Mario: Na gut ... dann eben ein romantisches Abendessen bei Kerzenlicht zu Hause!

Linda: Letztes Mal ist dabei fast die ganze Bude abgebrannt!

Mario: Auch ein Kinoabend mit Popcorn wäre mal wieder nett gewesen.

Linda: Kino am Hochzeitstag? Außerdem bekomme ich von Popcorn Blähungen!

Mario: *(seufzend)* Weißt du noch die endlosen Videoabende mit Pizza, als wir uns kennen gelernt haben?

Linda: Dass die endlos waren, weiß ich noch, aber ich kann mich an den Inhalt keines einzigen Films mehr erinnern!

Mario: *(leicht verzweifelt)* Du willst immer nur etwas mit anderen machen!

Linda: *(entrüstet)* Das stimmt ja gar nicht! *(Sie lässt eine noch geschlossene Chiptüte platzen, sodass er zusammenfährt, wirft sich ihm dramatisch an den Hals, mit verführerischer Stimme)* Das alles ist nur für uns ganz allein! Ich habe für heute Abend gar keine Gäste eingeladen, und du kannst ganz unbesorgt all deinen Fantasien freien Lauf lassen! *(Mario schaut sie erschrocken an)*

Intime Geständnisse

Sketchdauer: 5-7 Minuten
Personen: Claudia, ca. 25-35, sechs Männer unterschiedlichen Typs und Alters
Mobiliar: eine improvisierte Umkleidekabine oder Trennwand
Requisiten: Männerunterwäsche und -kleidungsstücke auf Bügeln nach Belieben, ein schwarzer Männerstringtanga, Frauenkleidungsstücke auf Bügeln nach Belieben, Handy und Handtasche

Eingangsszene: Auf der Bühne ist eine Umkleidekabine oder Stellwand zu sehen, hinter der sich Claudia befindet. Sie telefoniert auf ihrem Handy.

Claudia: *(laut)* Hallo Birgit? Ja, hier ist Claudia! Nein, ich bin nicht zu Hause, sondern unterwegs! *(Ein Mann läuft mit einem Kleidungsstück auf einem Bügel langsam über die Bühne)* Doch, unser fünfter Hochzeitstag ist heute! Deshalb bin ich ja hier!! *(Der Mann hat sich jetzt in Wartestellung mit etwas Abstand vor die Umkleidekabine gestellt)* Ich brauche unbedingt noch etwas zum Anziehen für heute Abend! Volker und ich gehen doch zur Feier des Tages in dieses neue Musical im Opernhaus und du weißt ja, wie toll die Frauen dort immer zurechtgemacht sind. *(Inzwischen haben zwei weitere Männer die Bühne auf- und abgeschritten und stellen sich mit ihren Kleidungsstücken hinter den ersten Wartenden. Aufgebracht)* Wie bitte??? Ich brauch mir keine Sorgen zu machen? Na, du hast vielleicht Humor! Ich habe in den letzten sechs Wochen drei Kilo zugenommen, bin aufgedunsen wie eine fette Qualle, fühle mich schlapp wie toter Hering, und meine Füße sind heute so dick geschwollen, dass ich mich kaum in meinen schönen blauen Sandalen aufrecht halten kann! *(Zwei weitere*

Männer haben sich in die Schlange der Wartenden eingereiht. Einer von ihnen hält einen schwarzen Stringtanga in der Hand. Laut) Ich schreie doch gar nicht, sondern bin nur etwas aufgeregt. In zwei Stunden bin ich mit Volker verabredet und was tue ich? Ich stehe splitterfasernackt mit meinem Schwabbelbauch vor diesem entsetzlichen Zerrspiegel in dieser stickigen Männerumkleidekabine und würde mich am liebsten in eine Maus verwandeln und im Schweinsgalopp das Weite suchen! *(Die Männer vor der Umkleidekabine beginnen hinter vorgehaltenen Händen zu lachen oder schmunzeln. Der Mann mit dem Stringtanga vor der Kabine zuckt zusammen)* Ja, in einer Männerumkleidekabine! Erstens ist es bei den Frauen immer so voll, und zweitens kann man hier ungestört telefonieren und es hört keiner zu! *(Der Mann mit dem schwarzen Stringtange schaut sich besorgt nach allen Seiten um. Inzwischen hat sich ein weiterer Mann eingefunden, der sich als Letzter in die Warteschlange einreiht. Ungeduldig)* Soll ich nun also das rote *(sarkastisch betonend)* figurfreundliche Kleid in Größe 44 nehmen, mich lieber für eine biedere Bluse und einen engen Rock mit Gummizug entscheiden oder einfach aufgeben und gleich nach nebenan zum Zeltverleih gehen? *(Der Mann mit dem schwarzen Tanga verlässt die Warteschlange und macht sich auf den Weg, um möglichst unbemerkt an der Kabine vorbeizuschleichen. Aufseufzend)* Gut, also das rote! In Ordnung! Tut mir Leid, dass ich heute so überspannt bin. Vielen Dank jedenfalls fürs Zuhören und deine guten Ratschläge. Ich rufe dich morgen an und erzähle dir, wie heute Abend alles gelaufen ist. Bis dann! *(reißt schwungvoll den Vorhang der Kabine auf und prallt mit dem wegschleichenden Mann zusammen, der erschrocken stehen bleibt und sein Höschen fallen lässt. Entsetzt)* VOLKER! Was machst du denn hier?

Ganz allein zu zweit

Sketchdauer: ca. 7 –10 Minuten
Personen: ein junges Ehepaar, ca. 30, in Abendgarderobe
Mobiliar: Tisch und zwei Stühle
Requisiten: mehrere Teller und Gläser, Tischtuch, Servietten, Besteck und Blumendekoration (alles sehr elegant und stilvoll wie in einem teuren Restaurant)

Eingangsszene: Die beiden sitzen sich gegenüber, halten über den Tisch hinweg Händchen und sehen einander tief und verliebt in die Augen.

Er: *(liebevoll)* Gefällt es dir hier?

Sie: *(sich glücklich im Raum umschauend)* Und wie! Was für ein tolles Restaurant! Romantisch und stilvoll zugleich. Einen besseren Ort für unseren Hochzeitstag hättest du gar nicht aussuchen können. *(drückt seine Hand und lächelt ihn an)*

Er: *(zufrieden)* Das freut mich! Es soll ja auch ein besonders schöner Abend werden!

Sie: *(wohlig aufseufzend und sich zurücklehnend)* Das ist es auch! Der erste Hochzeitstag seit Jahren, den wir mal wieder ganz in Ruhe ohne die Kinder verbringen. *(da er nickt, schnell beteuernd)* Natürlich vermisse ich die beiden, und es hat mir auch wirklich nichts ausgemacht, in den letzten Jahren gemütlich zu viert zu Hause zu bleiben. *(drückt wieder seine Hand über den Tisch hinweg)* Aber so allein zu zweit ist es eben auch sehr schön!

Er: *(etwas in Gedanken)* Ganz allein.

Sie: *(lächelnd)* Zu zweit!

Er: *(etwas unkonzentriert)* Ganz allein zu zweit. Zu Hause.

Sie: *(etwas angespannt lächelnd)* Ich meinte eigentlich: Ganz allein zu zweit hier!

Er: *(sich konzentrierend und tapfer lächelnd)* Ja, natürlich!

Sie: *(runzelt die Stirn, entzieht ihm ihre Hand)* Du machst dir doch nicht etwa Sorgen um die beiden?

Er: *(etwas zu laut und nachdrücklich)* Natürlich nicht! Sie sind ja alt genug, um einmal ein paar Stunden allein zu bleiben.

Sie: *(etwas unruhig)* Tim ist immerhin acht und hat vorher schon manches Mal ein paar Stunden am Nachmittag auf Annette aufgepasst.

Er: *(nickend, leise)* Genau. *(wieder nachdenklich vor sich hinsprechend)* Manches Mal. Am Nachmittag.

Sie: *(unruhiger)* Und außerdem wollte Frau Maikowski im Laufe des Abends auch einmal nach den beiden schauen.

Er: *(fragend)* Frau Maikowski?

Sie: *(erklärend)* Unsere nette, alte, gehbehinderte Nachbarin von unten, erinnerst du dich nicht an sie?

Er: *(zwischen zusammengebissenen Zähnen)* Alt und gehbehindert …

Sie: *(nervös mit den Fingern auf einen der Teller trommelnd)* Für alle Fälle gibt es ja auch noch das Telefon!

Er: *(aufblickend)* Hast du Timmy denn auch unsere Handynummern in der Eile vorhin richtig aufgeschrieben?

Sie: *(beruhigend)* Ja, alle beide!

Er: Und du hast sie gut sichtbar neben das Telefon gelegt?

Sie: Natürlich! *(zögert kurz)* Vielleicht habe ich den Zettel auch neben das Aquarium gelegt, als ich mir noch schnell die Haare geföhnt habe …

Er: *(erstarrend und mit schneidender Stimme)* Den Fön neben das Aquarium?

Sie: *(panisch)* Was? Fön? Aquarium!!! *(Beide springen plötzlich hektisch auf und stürmen von der Bühne)*

Falsche Fährte

Sketchdauer: ca. 10-15 Minuten
Personen: Die Arbeitskolleginnen Yvonne, Flora und Birgit, alle Mitte 30, ein Bote
Kostüme: lockere Bürokleidung für Yvonne und Flora, etwas elegantere für Birgit, Botenuniform
Mobiliar: zwei einander gegenüberstehende Arbeitstische und (Büro-)Stühle
Requisiten: Büro- und Schreibmaterial nach Belieben, Blumenstrauß, überdimensionale verpackte Pralinenschachtel, Vase, Rechnungsblock für den Boten, zwei Telefone, Mappe für Birgit

Eingangsszene: Die Arbeitskolleginnen Yvonne und Flora sitzen einander gegenüber an zwei Schreibtischen, die quer zum Publikum stehen, und sind beschäftigt.

Yvonne: *(aufblickend)* Ist dir auch aufgefallen, wie mitgenommen Birgit in letzter Zeit aussieht?
Flora: *(nachdenklich)* Hm, jetzt wo du es sagst …
Yvonne: Sie ist ganz spitz im Gesicht, hat ständig verquollene, rote Augen und wirkt furchtbar matt.
Flora: Ein Virus?
Yvonne: *(kopfschüttelnd)* Ich denke eher, es ist seelisch!
Flora: Was genau meinst du?
Yvonne: *(erklärend)* Ich glaube, es geht ihr momentan richtig schlecht!
Flora: *(neugierig)* Ärger zu Hause?
Yvonne: Gut möglich. *(sich vertraulich zu ihr beugend)* Als ich gestern bei ihr im Büro vorbeischaute, habe ich mitbekommen, wie sie ihrem Mann am Telefon sagte, sie würde am Abend später kommen, weil sie noch so viel zu tun hätte, und kurz danach bestätigte sie einen Termin für irgendeine Gruppe.

Flora: *(interessiert)* Meinst du, sie geht in eine Selbsthilfegruppe, weil er sie schlägt?

Yvonne: *(abwinkend)* Das glaube ich nicht! Ich habe ihren Mann einmal kennen gelernt. Er macht einen sehr netten Eindruck und schien sie wirklich zu lieben.

Flora: *(belehrend)* So ein Eindruck kann täuschen! Wie lange ist Birgit denn schon verheiratet?

Yvonne: Sie erwähnte vor kurzem, dass sie demnächst ihren zehnten Hochzeitstag feiern würde.

Flora: *(nickend)* Vielleicht haben sie ja nur eine kleine vorübergehende Krise.

Yvonne: *(an einem Stift kauend)* Ja, oder es handelt sich um etwas ganz anderes.

Flora: Was könnte es denn noch sein? *(nachdenklich)* Vielleicht hat sie ja Sorgen mit den Kindern?

Yvonne: Sie hat keine Kinder.

Flora: Dann vielleicht Probleme mit den alten Eltern. Ich weiß noch, als meine Mutter ins Altersheim kam …

Yvonne *(sie unterbrechend)* Ihren Vater hat sie gar nicht mehr kennen gelernt, und ihre Mutter ist noch sehr jung und lebt in San Francisco.

Flora: Hast du von irgendwelchen Schwierigkeiten hier in der Firma gehört, die sie betreffen könnten?

Yvonne: Nein, mir ist nichts bekannt.

Flora: Machen wir ihr doch einfach eine kleine Freude! Vielleicht geht es ihr dann ein bisschen besser!

Yvonne: *(nickend)* Das ist eine gute Idee. Woran hast du gedacht?

Flora: Eigentlich an nichts Besonderes! Es soll ja auch nicht übertrieben wirken.

Yvonne: Aber etwas Nettes muss es schon sein. Hast du gesehen, wie abgemagert sie in letzter Zeit ist! Nur noch Haut und Knochen und ein bisschen Baumwolle darüber!

Flora: *(grinsend)* Auf Birgits Haut und Knochen weht wohl eher Seide anstatt Baumwolle! Außerdem übertreibst du ein wenig. Ich finde, sie hat jetzt eine sehr gute Figur!

Yvonne: *(skeptisch)* Naja … Jedenfalls geht es ihr schlecht, und wir müssen sie etwas aufmuntern!

Flora: *(aufgeregt)* Sie wollte uns doch nachher die Auftragsformulare für die große Werbeveranstaltung am Wochenende herüberbringen. Wie wär's, wenn wir dann schon eine kleine Überraschung für sie parat hätten?

Yvonne: *(erfreut)* Das ist eine gute Idee. Was hältst du von ein paar Sommergräsern, einem großen Kasten Pralinen und einer Esseneinladung in ein Nudelrestaurant heute Abend für uns drei?

Flora: *(begeistert in die Hände klatschend)* Super! Du übernimmst die Blumen und Pralinen, ich reserviere den Tisch. *(Beide Frauen greifen nach ihren Telefonen, schauen kurz in ein Nummernverzeichnis oder auf einen Zettel, wählen und sprechen in den Hörer)*

Yvonne: Guten Tag, können Sie mir bitte sofort einen großen Trockenblumenstrauß und einen zweistöckigen Kasten Sahnetrüffel in die Ringstraße 7, Firma FUTURA liefern?

Flora: Ich möchte gern einen Tisch für drei Personen auf den Namen Krausig für heute Abend gegen 20 Uhr bestellen.

Yvonne: Ich danke Ihnen. Auf Wiederhören!

Flora: Sehr schön. Bis dann also! *(Sie legen die Hörer auf, reiben sich in froher Erwartung zufrieden die Hände und kehren zu ihren Tätigkeiten zurück. Kurze Zeit später erscheint ein Bote, der eine in Geschenkpapier verpackte große Pralinenkiste und einen großen Trockenblumenstrauß abgibt. Yvonne nimmt die Sachen entgegen, Flora holt die Vase und stellt die Blumen in das Gefäß auf den Tisch neben die Pralinenschachtel. Sie unterschreibt die Rechnung, die ihr der Bote reicht, und bedankt sich bei ihm)* Vielen Dank. Auf Wiedersehen.

Bote: Auf Wiedersehen! *(ab. Beide Frauen sitzen wieder an ihren Tischen. Kurze Zeit später erscheint Birgit mit einer Mappe. Sie schnieft ein bisschen und reibt sich die blinzelnden Augen. Yvonne und Flora werfen sich einen wissenden Blick zu)*

Yvonne: *(betont liebevoll)* Hallo Birgit! Wie geht es dir? *(Flora steht auf und holt die Pralinenschachtel)*

Birgit: *(abwinkend)* Ach hört bloß auf! Seit Tagen habe ich Heuschnupfen, der immer schlimmer wird, weil *(niest und deutet mit einer Hand auf den Trockenblumenstrauß auf dem Tisch)* in allen Büros unserer Firma diese verdammten Sommergräser aufgestellt sind. Ich kann kaum noch aus den Augen sehen, was noch durch die Allergie verstärkt wird, die ich gegen die Schlankheitspillen entwickelt habe, die ich seit Wochen schlucke – eine todsichere Empfehlung meiner Ernährungsberatungsgruppe, zu der ich mich seit vier Wochen nach Büroschluss drei Mal wöchentlich schleppe. *(Yvonne und Flora schauen sie entsetzt an. Erklärend)* Diese Tabletten geben einem zwar den Rest, aber man entwickelt einen Brechreiz gegenüber Süßigkeiten und Teigwaren, und so habe ich in vier Wochen sechs Kilo abgenommen und werde heute Abend zur Feier meines zehnjährigen Hochzeitstages mal nicht wie ein dicker Sahnetrüffel aussehen! *(da Flora die Hand mit der Pralinenschachtel an ihrem Körper herabsinken lässt, auf das Geschenk zeigend)* Ihr wusstet von meinem Hochzeitstag? *(greift erfreut nach der Schachtel)* Wie süß von euch beiden!

Das verflixte Siebente

Sketchdauer: ca. 10 Minuten
Personen: Linda und Björn, beide ca. 30, Lindas Eltern
Mobiliar: Couch
Kostüme: schicker Hausanzug o. Ä. für Linda, eher schlampige Freizeitkleidung für Björn
Requisiten: Armbanduhr

Eingangsszene: Linda und Björn sitzen einvernehmlich und in inniger Umarmung auf der Couch.

Björn: *(ihre Hand ergreifend)* Du glaubst gar nicht, wie glücklich ich mit dir bin!
Linda: *(ihn anlächelnd)* Ich bin auch sehr glücklich mit dir!
Björn: *(nachdrücklich)* Ich meine das ganz ernst! Die letzten sieben Jahre mit dir waren wirklich die schönsten meines Lebens!
Linda: Ich fühle mich auch immer noch so verliebt wie am ersten Tag! Kaum zu glauben, dass wir schon sieben Jahre miteinander verheiratet sind!
Björn: *(nickend)* Auf den Tag heute genau sieben Jahre! *(küsst ihren Handrücken. Beide schweigen einen Moment. Versonnen)* Weißt du, was ich so an dir liebe?
Linda: *(in Gedanken)* Ich denke schon.
Björn: *(überrascht)* Was denn?
Linda: *(selbstsicher)* Meine kleinen Überraschungen!
Björn: *(lächelnd)* Die weniger … Nein, ich dachte eher an deine einfühlsame Art.
Linda: Bin ich einfühlsam?
Björn: *(eifrig nickend)* O ja! Keiner versteht mich so wie du! Du weißt immer ganz genau, was ich mag und brauche!
Linda: *(bescheiden)* Wir sprechen ja auch viel über unsere Wünsche und Vorstellungen.

Björn: Das stimmt. Aber auch wenn ich nichts sage, weißt du immer genau, was ich meine.

Linda: Hm.

Björn: Ein Beispiel ist unser heutiger Hochzeitstag!

Linda: *(aufhorchend)* Inwiefern?

Björn: Obwohl wir gar nicht weiter darüber geredet haben, wusstest du ganz genau, was ich heute am liebsten machen würde!

Linda: *(interessiert)* Und das wäre?

Björn: Andere Frauen hätten wahrscheinlich essen gehen, einen besonderen Ausflug, eine kleine Reise planen oder diesen besonderen Tag sogar mit ein paar Leuten feiern wollen …

Linda: *(sich räuspernd)* Das sind ja auch alles gute Ideen, oder?

Björn: *(nickend)* Auf jeden Fall! Aber du kennst mich eben so gut und weißt, dass ich mir aus diesen Dingen nichts mache.

Linda: *(rückt etwas von ihm ab)* Du nicht, aber …

Björn: *(sie wieder an sich ziehend)* In deiner einfühlsamen Art weißt du eben auch ohne meine Worte, wie es in mir aussieht. *(lächelt sie an)* Und zu zweit sind diese Tage eben einfach am allerschönsten, nicht wahr? *(Linda schweigt und lächelt nur etwas gequält. Aufmerksam nachhakend)* Das findest du doch auch, oder?

Linda: *(sich räuspernd)* Ja, obwohl man nach sechs Hochzeitstagen zu zweit auch ein Mal etwas anderes machen könnte.

Björn: *(beschwichtigend)* Sicher. Wir haben ja auch noch so viele gemeinsame Hochzeitstage vor uns!

Linda: Was ja nicht heißt, dass wir damit bis zur silbernen oder goldenen Hochzeit warten müssen!

Björn: *(lachend)* Und wenn schon! *(küsst sie)* Zu zweit ist's doch am gemütlichsten! *(steht auf)* Jetzt hol ich uns erst einmal etwas zu trinken!

Linda: *(auffahrend)* Du darfst aber nicht in die Küche!

Björn: *(verständnisvoll)* Da hast du wohl eine kleine Überraschung für mich versteckt, was? *(sieht sie liebevoll an)* Du bist immer so einfühlsam! Keine Sorge, ich schaue nicht in die Speisekammer, sondern hole etwas *(augenzwinkernd)*, was ich vorhin im Kühlschrank nur für uns beide kalt gestellt habe.

Linda: *(laut und ihn am Ärmel zurückhaltend)* Nein, das geht nicht!

Björn: *(überrascht)* Warum nicht? Wollen wir denn zur Feier des Tages nicht ein Glas Champagner zusammen trinken?

Linda: *(sich windend)* Doch schon, aber nicht sofort!

Björn: *(etwas ungeduldig)* Du kannst ja noch warten, aber ich hol mir schon jetzt ein Gläschen. *(will wieder losgehen)*

Linda: *(ihn erneut zurückhaltend und auf ihre Armbanduhr schauend)* Warte doch nur noch einen kleinen Moment!

Björn: *(verständnislos)* Worauf denn? Es ist schon gleich acht Uhr, wir haben nichts geplant und können es uns den ganzen Abend allein zu zweit gemütlich machen! *(Linda klammert sich mit zusammengebissenen Zähnen mit aller Kraft stärker an seinen Ärmel, um ihn am Weggehen zu hindern, und lässt dabei ihre Armbanduhr nicht aus den Augen. Beunruhigt und leicht verärgert, versucht Björn, sich von ihr loszumachen)* Was ist plötzlich los mit dir, und was schaust du die ganze Zeit auf die Uhr?

Linda: *(ihn plötzlich loslassend, wobei Björn ins Schwanken gerät und fast zu Boden fällt)* Jetzt ist es acht! *(In diesem Moment kommen Lindas Eltern einträchtig eingehakt auf die Bühne. Die Mutter schaut ihnen strahlend entegegen. Der Vater schwenkt ein Paar Schlüssel)*

Vater: *(lachend)* Gut, dass wir eure Wohnungsschlüssel haben!

Mutter: *(glücklich)* Was für eine nette Idee von euch, uns zu eurem siebten Hochzeitstag einzuladen!

Immer unterwegs

Sketchdauer: ca. 7 Minuten
Personen: Susi und Fabian, beide ca. 30, zehn bis zwölf männliche und weibliche Statisten verschiedenen Alters
Kostüme: lockere, hoch modische Freizeitkleidung
Requisiten: Taschen und vier Handys

Eingangsszene: Susi und Fabian laufen Hand in Hand beschwingt nebeneinander die Bühne entlang auf das Publikum zu. In der freien Hand halten sie ihre Handys, in die sie ununterbrochen sprechen. Viele Passanten kreuzen ihren Weg.

Susi: *(in ihr Handy)* Nein, wir sind wieder unterwegs. Eigentlich wissen wir noch nicht so genau, was wir unternehmen werden.

Fabian: *(in sein Handy)* Wir wollen vielleicht ins Kino gehen. Dieser neue Action-Film ist doch gerade angelaufen. Hast du schon gesehen ... und?

Susi: Kino ist auch eine gute Idee, stimmt! Aber auf keinen Fall gehen wir in diesen blöden neuen Action-Film, der seit gestern läuft!

Fabian: Nein, viel Zeit haben wir in den letzten Wochen nicht miteinander verbracht, das stimmt.

Susi: *(lachend)* Auf dem Sofa werden wir jedenfalls nicht gemeinsam sterben! Immer unterwegs!

Fabian: Ja, der ist heute! Unser zehnter Hochzeitstag schon! Man glaubt gar nicht, wie die Zeit vergeht!

Susi: Der zehnte ist schon etwas Besonderes, das finde ich auch. Ihr seid zu eurem zehnten ins *Epikur* gegangen? *(nachdenklich)* Französisch essen wäre auch mal wieder eine nette Idee!

Fabian: *(abwertend)* Ich finde Essengehen ja nicht so originell am Hochzeitstag, das machen doch alle! *(fragend)* Einander gegenübersitzen und sich tief in die Augen schauen?

(auflachend) Ach so, jetzt verstehe ich! Ja, meinst du, ich erkenne sie nicht mehr?

Susi: *(protestierend)* Jetzt übertreibst du aber! Vor zwei Monaten haben wir auch einmal einen Abend zusammen zu Hause verbracht!

Fabian: Mach dir keine Sorgen, so schnell kommt sie mir schon nicht abhanden!

Susi: Natürlich sind wir immer viel unterwegs und haben viel zu tun, aber *(entschlossen)* ich würde nie mit jemand anderem gehen!

Fabian: *(entrüstet)* Was heißt hier Hektik? Wir sind nur aktiv und verbringen unseren Ehrentag heute ganz spontan.

Susi: *(nachdrücklich)* Wichtig ist doch letztendlich, dass man weiß, mit wem man all die gemeinsamen Jahre verbracht hat …

Fabian: … und die kommenden verbringen wird! *(In diesem Moment wird die Menge um Fabian und Susi immer dichter, sodass sie für die Zuschauer kurze Zeit unsichtbar werden. Dann kommen sie wieder zum Vorschein. Susi hält die Hand eines unbekannten Mannes, Fabian die einer unbekannten Frau. Sie haben die Richtung geändert, laufen einander zunächst entgegen, dann aneinander vorbei, ohne sich zu kennen. Dabei sprechen alle vier vergnügt und in einem unverständlichen Durcheinander in ihre jeweiligen Handys)*

Unter Freunden

Sketchdauer: ca. 15 Minuten
Personen: Edgar und Martin, zwei Jugendfreunde in den Dreißigern
Kostüme: Lässig-elegante Kleidung
Mobiliar: Bistrotisch und zwei passende Stühle
Requisiten: zwei Kaffeetassen, Aktentaschen, Brieftaschen und Fotos

Eingangsszene: Edgar und Martin sitzen sich gegenüber und sind bester Laune. Auf dem kleinen Tisch vor ihnen stehen zwei Kaffeetassen. Ihre Aktentaschen stehen auf dem Boden neben den Stühlen.

Edgar: *(freundlich)* Ich freue mich wirklich, dass du dir heute ein bisschen Zeit nehmen konntest! Es war gar nicht so einfach, einen Termin bei deiner Sekretärin zu bekommen.

Martin: *(geschmeichelt)* Ja, ich bin wirklich sehr beschäftigt und muss mir so einiges vom Leib halten. Aber für dich *(ausholende Geste)* nehme ich mir natürlich gern Zeit! Schließlich warst du ja ewig nicht mehr hier!

Edgar: *(nickend)* Vor 15 Jahren bin ich nach Köln gezogen, und seitdem komme ich erst seit einem halben Jahr wieder öfter hierher.

Martin: *(nickend)* Köln? Schöne Stadt! Dort war ich auch schon einige Male, und meine Frau hat dort Freunde oder Bekannte, die sie oft besucht. Hast du denn geschäftlich hier zu tun?

Edgar: *(schmunzelt verschwörerisch)* Das nicht. Meine Besuche sind eher privater Natur. *(zieht die Augenbrauen hoch)*

Martin: *(lacht verständig)* Aha, verstehe! Eine Dame, was?

Edgar: *(lacht und winkt ab)* Volltreffer! Aber jetzt erzählst du erst einmal von dir. Ich habe gehört, du bist jetzt im Vorstand?

Martin: *(stolz)* Ja, die halten mich wohl für unentbehrlich!

Edgar: *(anerkennend)* Das ist ja toll!

Martin: Ja, ich habe eine Menge Verantwortung und spiele jetzt in der allerersten Reihe mit!

Edgar: Das erfordert bestimmt eine Menge Einsatz, oder?

Martin: Das ist wohl wahr. Meistens bin ich vor neun oder zehn abends gar nicht zu Hause und sehe die Kinder auch nur noch, um Gute Nacht zu sagen. *(winkt großspurig ab)* Naja, alles hat eben seinen Preis, und meine Frau hält mir zum Glück den Rücken frei von vielen Familienverpflichtungen, damit ich mich richtig auf meine Arbeit konzentrieren kann.

Edgar: Wie lange bist du denn schon verheiratet?

Martin: *(stolz)* Wir haben vor zwei Tagen unseren zehnten Hochzeitstag gefeiert!

Edgar: *(überrascht)* Seit zehn Jahren bist du schon verheiratet? Donnerwetter!

Martin: Die Zeit vergeht einfach! Wir haben uns damals im Studium kennen gelernt, das Kathy dann natürlich abbrach, weil kurz hintereinander unsere beiden Kleinen kamen und ich mich auf die Prüfungen konzentrieren musste.

Edgar: Zwei Kinder habt ihr?

Martin: *(stolz)* Ja. Frauke wird zehn, und Ulli ist acht Jahre alt. *(greift nach seiner Aktentasche, öffnet sie und entnimmt seiner Brieftasche ein paar Fotos, die er seinem Freund über den Tisch reicht)* Na, sind sie nicht gut geraten? *(jovial)* Ganz der Vater, was?

Edgar: *(bemüht)* Sie sehen wirklich nett aus! Aber sicher sind sie deiner Frau auch etwas ähnlich, oder?

Martin: *(kurz)* Sicher, etwas.

Edgar: *(nachhakend)* Wollte sie denn ihr Studium nie wieder aufnehmen, nachdem du fertig warst?

Martin: *(großspurig abwinkend)* Na, wie denn, mit den beiden Kindern und dem ganzen Haushaltskram?

Edgar: *(zögernd)* Na, du hättest doch so lange …

Martin: *(ihn ungeduldig unterbrechend)* Hätte was, hm? Ich habe mich doch nicht fünf Jahre durch die BWL gequält, um dann als Hausmann zu enden!

Edgar: Von enden sprach ich ja auch nicht.

Martin: *(energisch)* Das stand nie zur Diskussion, und Kathy hat ja dann kurze Zeit später auch schon ein schönes kleines Häuschen ihr Eigen nennen können. *(klopft sich an die Brust)* Alles durch meine Arbeit und meinen unermüdlichen Einsatz!

Edgar: *(beschwichtigend)* Schon gut, ist ja auch nicht so wichtig. *(ablenkend)* Wo wohnt ihr denn jetzt?

Martin: *(stolz)* Im Grünen am Auersee. Seegrundstück mit eigenem Bootssteg!

Edgar: Hm.

Martin: *(in Fahrt)* Ein herrliches Anwesen! *(entnimmt seiner Brieftasche weitere Fotos)* Jugendstil! Sechs Zimmer und zwei Bäder – alles Marmor! *(wirft die Fotos auf den Bistrotisch wie Pokerkarten, lehnt sich dann selbstgefällig und in Erwartung einer Reaktion seines Freundes auf seinem Stuhl zurück)*

Edgar: *(nickend)* Sehr schön, wirklich! *(Martin nickt ebenfalls)* Und deine Frau?

Martin: Meine Frau?

Edgar: Hast du kein Bild von ihr?

Martin: Doch, natürlich! *(kramt in seiner Brieftasche herum)* In letzter Zeit ist sie etwas komisch und hat nach einem *(kurz aufblickend)* kleinen Streit ein paar Fotos von sich aus meiner Brieftasche herausgenommen …

Edgar: Ich dachte, ihr versteht euch so gut und hattet gerade erst euren zehnten Hochzeitstag?

Martin: *(seine Suche kurz unterbrechend)* Ja, darum ging es bei unserem Streit wohl auch. Natürlich konnte ich an diesem Tag nicht früher als sonst nach Hause kommen, schließlich ist es für alle anderen in der Firma auch nur ein normaler Arbeitstag, und es gibt immer wichtige Dinge, die nur von mir erledigt werden können. Normalerweise hat sie auch immer Verständnis dafür, aber dieses Mal hatte sie wohl ein romantisches Essen oder so etwas in der Art erwartet.

Edgar: Ja, hast du denn gar nicht daran gedacht?

Martin: An den Hochzeitstag? Ehrlich gesagt, nein. Aber als sie dann abends so komisch war, ist er mir wieder eingefallen, und ich wollte ihr als Ausgleich Geld für einen netten kleinen Einkaufsbummel mit einer Freundin geben …

Edgar: *(entsetzt)* Geld? Zum Hochzeitstag?

Martin: *(beleidigt)* Na und? War doch nur gut gemeint! Sie ist eigentlich schon seit einem halben Jahr etwas seltsam, kühler und distanzierter als sonst. *(kramt wieder in seiner Brieftasche)* Es fiel mir zunächst nur nicht auf neben meiner ganzen Arbeit.

Edgar: Wahrscheinlich fühlt sie sich vernachlässigt.

Martin: *(unwirsch)* Ja, kann sein. Es ist schon nichts Ernstes. *(hat die Bilder endlich gefunden)* Ha, hier sind sie ja. *(knallt die Bilder wie vorher schwungvoll auf den Tisch)* Das ist sie! *(Edgar nimmt die Bilder in die Hand, führt sie dicht an seine Augen und starrt sie lange stumm an)* Hat sich gut gehalten, nicht? *(Edgar schweigt und schaut nur die Fotos an. Etwas ungeduldig)* Wie auch immer. *(kurze Pause, als keine Reaktion seines Freundes kommt)* Jetzt erzählst du aber mal etwas von dir. *(vertraulich grinsend und augenzwinkernd)* Bist du denn verheiratet, und was ist das für eine Dame, mit der du dich hier seit einem halben Jahr triffst? *(Edgar blickt betroffen auf. Verschwörerisch)* Lass mich raten … Verheiratet in Köln und eine kleine Affäre hier in unserem Heimatstädtchen? *(Edgar schweigt. Gönnerhaft)* Nun komm schon! Wir sind doch unter Freunden! Ich habe selbst meine kleinen Geschichten nebenbei in der Firma gehabt! *(lacht selbstzufrieden)*

Edgar: *(kurz angebunden)* Ich bin nicht verheiratet in Köln und habe eine ernsthafte Beziehung hier.

Martin: *(entschuldigend)* Schön! Deshalb brauchst du doch nicht gleich so steif zu werden! Wie sieht sie aus, wie heißt sie, wie alt ist sie und woher kennst du sie überhaupt?

Edgar: *(knapp)* Wie sie aussieht? Sie hat sich nicht nur »gut gehalten«, sondern ist bildschön, heißt Kathrin, ist so alt wie wir, und ich habe sie in Köln kennen gelernt …

Martin: *(ihn leicht gelangweilt ungeduldig unterbrechend)* Schön, schön … Fotos?

Edgar: *(spitz)* Ich war noch nicht fertig! Kennen gelernt habe ich sie auf dem Geburtstag eines gemeinsamen Freundes, zu dem sie in ziemlich schlechter Stimmung kam, weil sich ihr Mann ihr gegenüber immer übler benimmt …

Martin: *(aufhorchend)* Ihr Mann? Sie ist also verheiratet?

Edgar: *(schroff)* Ja, mit einem dieser angeberischen Vorstandsmitgliedern, die nur an sich selbst denken, Hochzeitstage vergessen und billige Büroaffären haben. *(Martin starrt ihn mit aufgerissenem Mund an. Wütend eins der Fotos aufnehmend, das noch vor ihm auf dem Tisch liegt, und es genauso wie Martin zuvor auf den Tisch werfend)* Und ein paar Fotos von ihr hast du ja selbst noch!

Vögelchen

Sketchdauer: ca. 2 Minuten
Personen: Oscar, der Dichter, und Gwendoline, seine Frau, beide ca. 30, eine übertrieben verführerisch gekleidete Frau auf hohen Absätzen und ihr Begleiter
Mobiliar: eine oder mehrere Baumattrappen bzw. Leinwände, auf denen eine Waldlandschaft gemalt ist
Ton: Vogelzwitschern
Requisiten: Tonabnehmer nach Wahl, karierte Decke, Picknickkorb und -geschirr nach Belieben, Armbanduhr

Eingangsszene: Oscar und Gwendoline sitzen nebeneinander auf der Picknickdecke, umgeben von Picknickgeschirr und -resten. Man hört Vogelgezwitscher. Oscar schlägt sich pathetisch an die Brust und singt.

Oscar: *(aus voller Kehle schmetternd)* Alle Vögel sind schon da!

Gwendoline: *(grinsend)* Wenn du so weiterlärmst, wird sich das gleich ändern!

Oscar: *(unberührt mit geschlossenen Augen deklamierend)* Es ist bald Zeit!

Gwendoline: Willst du schon nach Hause? *(verständnislos auf die Uhr schauend)* Es ist noch gar nicht so spät!

Oscar: *(fortfahrend)* Bald wird es dunkeln, und es geht heim ins Nest!

Gwendoline: *(leicht ironisch)* Ich wünschte, wir hätten bereits wieder ein vernünftiges Nest! Der Makler lässt sich wirklich Zeit bei seiner Suche! *(kopfschüttelnd zu sich selbst)* Das letzte Angebot war ja wirklich unzumutbar!

Oscar: *(mit kurzem, vorwurfsvollem Seitenblick auf sie, pathetisch)* Eine Schwalbe macht noch keinen Sommer!

Gwendoline: *(nüchtern)* Nach zehn Ehejahren in der kleinen Bude kann ich doch wohl erwarten …

Oscar: *(sie mit einer weit ausholenden Geste unterbrechend)* Still!

Gwendoline: *(fragend)* Hm?

Oscar: *(die Hand an ein Ohr legend, mit geschlossenen Augen)* Es war die Nachtigall und nicht die Lerche!

Gwendoline: *(genervt die Augen verdrehend)* Donnerwetter, Oscar! Deine Vogelverse gehen mir langsam auf die Nerven! Kannst du denn zur Abwechslung nicht einmal etwas Vernünftiges sagen? *(In diesem Moment kommt eine aufgetakelte Dame gezierten Schrittes auf hohen Stöckelschuhen mit ihrem Begleiter an ihnen vorbei. Die Dame grüßt affektiert und geht dann weiter)*

Oscar: *(starrt sie einen Moment mit offenem Mund dümmlich an und wendet sich dann wieder mit einem plötzlichen Lächeln seiner Frau zu, ihre Hand ergreifend und betont tapfer)* Lieber den Spatz in der Hand als die Taube auf dem Dach!

Einzigartig und unvergänglich

Sketchdauer: ca. 10 Minuten
Personen: Reinhart und seine Frau Stefanie, beide Ende 40
Mobiliar: Wohnzimmereinrichtung nach Belieben

Reinhart: *(aus dem Off)* Hallo Schnäuzchen, ich bin es!

Stefanie: *(aufgeregt)* Schön, dass du kommst.

Reinhart: Bin schon da! *(kommt schwungvoll ins Zimmer, geht auf sie zu und küsst sie)* Alles Liebe und Gute zum Hochzeitstag!

Stefanie: *(sich an ihn schmiegend)* Das wünsche ich dir auch!

Reinhart: Ich habe etwas ganz Besonderes für dich, Liebling! Einzigartig und unvergänglich wie unsere Liebe!

Stefanie: *(freudig)* Unvergänglich und einzigartig? *(aufgeregt)* Ein Diamantenhalsband?

Reinhart: *(abwinkend)* Viel besser!

Stefanie: *(nervös von einem Fuß auf den anderen tretend)* Ein Brillantring?

Reinhart: *(leicht vorwurfsvoll)* Einzigartig und unvergänglich, habe ich doch gesagt!

Stefanie: Aber Diamanten und Brillanten sind doch …

Reinhart: *(unterbricht sie, siegessicher)* Darauf kommst du nie!

Stefanie: *(mit suchendem Blick)* Wo ist es denn? Ich sehe gar kein Päckchen …

Reinhart: *(laut und triumphierend)* Es gibt auch kein Päckchen! *(reißt seinen Pullover hoch und enthüllt seine nackte Brust, auf die quer von links nach rechts der Schriftzug STEFANIE FOREVER tätowiert ist. Stefanie starrt entsetzt darauf und fällt dann mit einem spitzen Schrei in Ohnmacht)*

Von der kristallenen bis zur Rubinhochzeit

Himmelhochjauchzender Trubel und
bewährte Beständigkeit/
bewährtes Eheglück/
bewährte Ehejahre –
vom 15. zum 40. Jubiläum.

Schön offen lassen!

Sketchdauer: ca. 15 Minuten
Personen: Zahnarzt Dr. Weichelt, seine Helferin Brigitte und die Patientin Frau Pilz, ca. 40–50
Mobiliar: nach hinten verstellbarer »Zahnarztstuhl« oder »-sessel«, kleiner Beistelltisch
Kostüme: weiße Kittel für Arzt und Helferin, zwei Paar Gummihandschuhe
Requisiten: kleine zahnmedizinische Geräte, z. B. Mundspiegel, kleiner Bohrer bzw. Atrappen davon, Zahnbürste, Mundspülbecher, kleine Tiegel und Fläschen auf dem Beistelltisch, Karteikarte und Stift

Eingangsszene: Die Helferin Brigitte stellt sorgfältig Fläschchen und Tiegel auf dem Beistelltisch zusammen. Dr. Weichelt und Frau Pilz betreten die Bühne.

Dr. Weichelt: Es freut mich, dass wir doch noch einen Ersatztermin in dieser Woche finden konnten.

Frau Pilz: *(temperamentvoll, laut und schnell)* Ja, mich auch! Tut mir Leid, dass ich den Termin letzte Woche so kurzfristig absagen musste, aber vor unserer silbernen Hochzeit gab es dann doch noch *(verdreht die Augen theatralisch)* soooo viel zu erledigen.

Dr. Weichelt: *(überrascht)* Ihr 25-jähriges Hochzeitsjubiläum haben Sie gefeiert? *(drückt ihr die Hand)* Herzlichen Glückwunsch! Hatten Sie eine schöne Feier, viele Gäste? *(weist auf den Stuhl)* Bitte, nehmen Sie Platz!

Frau Pilz: *(sich auf den Stuhl setzend, Atem schöpfend und begeistert gestikulierend)* Ach, es war ganz wunderschön. Obwohl am Anfang …

Dr. Weichelt: *(sie unterbrechend)* Mund öffnen, bitte. *(zu seiner Assistentin)* Es kann losgehen, Brigitte. *(zieht sich ein Paar Handschuhe über und reicht das andere Brigitte, die es ihm nachtut. Frau Pilz öffnet den Mund. Passende Instrumente wählend und die Zähne seiner Patientin sorgfältig inspizierend)* Eine schöne Feier also, hm? Am Anfang ist man natürlich etwas besorgt, ob auch alles richtig klappt, sich alle verstehen, das Buffet rechtzeitig eintrifft, die Getränke kalt genug sind … *(Frau Pilz versucht zu sprechen und dabei den Mund offen zu halten, was zu unverständlichem Gemurmel führt)* Schön offen lassen, bitte. Auch mit der festgelegten Sitzordnung kann es ja Probleme geben, denn so mancher Onkel will nicht neben der Schwiegermutter sitzen oder umgekehrt, und die kleinen Krabbler und Schreier in der Familie müssen ja auch irgendwo untergebracht werden. Bestimmt hatten Sie eine Menge Gäste! *(Frau Pilz nickt lebhaft und versucht wieder, etwas zu sagen. Tadelnd)* Nicht sprechen und schön offen lassen! Man darf bei solchen Feierlichkeiten ja auch keinen vergessen, das stimmt schon. Das gibt dann nur übles Getratsche im Nachhinein! *(Frau Pilz meldet sich mit dem Finger, um etwas zu sagen. Nickend)* Verstehe schon! Das ist also trotz Ihrer guten Vorsätze passiert! Ach, was soll's! Manche Mitglieder der Familie verhalten sich einfach unmöglich auf solchen Festen und wenn sie diese dann gar nicht erst einladen, ersparen Sie sich eine Menge Ärger! Hatten Sie denn Hilfe bei den Vorbereitungen? *(zu Brigitte)* Bitte mal Wasser in den Becher! *(Brigitte drückt auf einen imaginären Knopf auf dem Beistelltischchen neben dem Mundspülbecher. Zu Frau Pilz)* Bitte mal spülen!

Frau Pilz: *(schnell spülend und dann übersprudelnd zu Dr. Weichelt)* Ja, meine Schwester, mit der ich mich ja sonst gar nicht so gut …

Dr. Weichelt: *(sie wiederum unterbrechend)* Schön zurücklehnen, Frau Pilz, und den Mund wieder weit öffnen! *(drückt sie schnell, aber sanft und freundlich lächelnd in die Stuhllehne zurück und kommt auch sogleich mit seinem Besteck näher. Frau Pilz gibt nach und öffnet den Mund. Er klopft jetzt mit einem kleinen Hämmerchen o. Ä. ihre Zähne ab, wobei Frau Pilz jedes Mal kurz zusammenzuckt)* Die liebe Schwester hat also alles organisiert? Obwohl Sie beide früher immer Rivalinnen gewesen sind? *(besserwisserisch)* Das kommt bei Geschwistern mit geringem Altersunterschied, besonders bei Mädchen, ja häufiger vor! *(Frau Pilz versucht wieder zu sprechen, was ihr aber nicht gelingt. Tadelnd)* Mund offen lassen! In wichtigen Momenten kann man sich dann aber doch auf die engste Familie verlassen, nicht wahr? *(Frau Pilz hebt eine Hand und winkt widersprechend von rechts nach links)* Trotzdem ging vieles schief? Schlechtes Essen, keiner wollte am Unterhaltungsprogramm teilnehmen, und die bestellten Musiker sagten im letzten Moment ab? Das ist natürlich schlimm, aber das hätte Ihre Schwester doch auch nicht ahnen können! *(Frau Pilz gestikuliert jetzt mit beiden Händen und versucht wieder zu sprechen)* Nicht sprechen, Frau Pilz, und schön offen lassen! Ich verstehe schon, dass Sie wütend sind und ihrer Schwester die Schuld an allem geben, aber sie hat diese Pannen doch nicht beabsichtigt! Die Organisation einer solchen Feier ist bestimmt nicht einfach, und insgesamt wurde es doch trotzdem noch eine schöne Feier. *(ihr beruhigend die freie Hand auf die Schulter legend)* Das haben Sie doch selbst gesagt! *(Frau Pilz lässt resigniert die Hände sinken. Aufmunternd auf ihre Schulter klopfend)* Machen Sie sich nichts aus diesen kleinen Pannen! Die gehören doch mit dazu und *(betont fröhlich)* bei Ihrer goldenen Hochzeit erinnert sich dann kein Mensch mehr daran! *(Frau Pilz bleibt stumm. Zu Brigitte)* Brigitte, geben Sie mir bitte mal das Stäbchen mit der Lösung. *(Brigitte reicht ihm ein Stäbchen, das sie vorher in ein Fläschen getaucht hat)* So, Frau Pilz. Alles ist soweit in Ordnung. Ich möchte Ihnen nur noch ein paar Tropfen dieser Lösung auf Ihre sehr empfindlichen Zahnhälse geben – schön offen lassen, den Mund –, und dann sind wir fertig. *(bepinselt die Zahnhälse seiner Patientin und gibt das Stäbchen dann an Brigitte zurück. Mit gestraffter Haltung)* So, das war's für heute, Frau Pilz! *(Frau Pilz steht auf, holt tief Luft und macht den Mund auf, um etwas zu sagen, aber er legt sofort beschwörend einen Zeigefinger an seine Lippen)* Pst! Die Tinktur muss jetzt erst einmal fünf Minuten einwirken. Nicht sprechen, und den Mund schön geschlossen halten! *(legt väterlich einen Arm um ihre Schulter und geleitet sie über die Bühne. Frau Pilz hat die Lippen zusammengekniffen und läuft mit herabhängenden Schultern neben ihm her. Ihr freundlich die Hand zum Abschied reichend)* Wir sehen uns dann in einem halben Jahr wieder! Bis dahin alles Gute, Frau Pilz! *(Frau Pilz geht ab, und Dr. Weichelt kommt kopfschüttelnd zurück zu Brigitte, die inzwischen wieder Ordnung auf dem Tischchen hergestellt hat und eine Karte ausfüllt)* Was die Patienten immer für Geschichten zu erzählen haben!!! *(kopfschüttelnd)* Ganze Bücher könnte ich damit füllen.

Auf die Schnelle

Sketchdauer: ca. 5 Minuten
Personen: Herr Flitz, ca. 50, und ein junger Sachbearbeiter
Mobiliar: Schreibtisch, zwei Stühle
Requisiten: Schreibunterlagen, Stift

Eingangsszene: Der Sachbearbeiter sitzt entspannt am Schreibtisch, auf den er lässig die Beine gelegt hat, und pfeift ein Lied. In großer Eile und mit wehendem Mantel läuft Herr Flitz über die Bühne auf ihn zu. Der Sachbearbeiter nimmt sofort die Beine vom Tisch und setzt sich gerade auf seinen Stuhl.

Herr Flitz: *(atemlos)* Guten Tag! Ich brauche auf der Stelle Hilfe auf die Schnelle.

Sachbearbeiter: Aha, auf der Stelle Hilfe auf die Schnelle! Worum geht's?

Herr Flitz: *(ungeduldig)* Planen Sie nicht Hochzeitsjubiläen aller Art?

Sachbearbeiter: Das ist richtig. An was dachten Sie denn?

Herr Flitz: *(unruhig)* Ich habe keine genauen Vorstellungen. Aber es eilt!

Sachbearbeiter: *(stirnrunzelnd)* Wann soll die Veranstaltung denn stattfinden?

Herr Flitz: Übermorgen!

Sachbearbeiter: *(entsetzt)* Wie bitte?

Herr Flitz: Übermorgen!!

Sachbearbeiter: *(setzt sich kerzengerade hin und deutet auf den Stuhl vor sich)* Da müssen wir aber ein bisschen Tempo machen! Bitte setzen Sie sich. *(nimmt schnell ein Formular und einen Stift)*

Herr Flitz: *(bestätigend)* Ich habe Ihnen ja gesagt, dass es eilt!

Sachbearbeiter: *(auf das Formular vor ihm zeigend)* Das ist das Auftragsformular für Jubiläen auf die Schnelle. Es gibt immer drei Auswahlmöglichkeiten. *(schaut auf seine Uhr)* Entscheiden Sie sich spontan und schnell. Wir haben noch genau zehn Minuten Zeit, dann muss ich den Antrag für die Grobplanung Ihres Jubiläums unten abgegeben haben, sonst klappt es bis übermorgen nicht mehr mit der Organisation. Über Details sprechen wir dann später. *(da Herr Flitz nickt, schnell und geschäftsmäßig)* Silberne, goldene oder andere Hochzeit?

Herr Flitz: *(ebenso schnell und kurz)* Silberne

Sachbearbeiter: Eigene, Eltern, Freunde oder Verwandte?

Herr Flitz: Eigene.

Sachbearbeiter: *(schaut kurz leicht vorwurfsvoll hoch, macht weiter schwungvoll Kreuzchen in seinem Formular)* Drinnen, draußen, beides?

Herr Flitz: Egal.

Sachbearbeiter: Eigenes Haus, Restaurant oder Schloss/Burg?

Herr Flitz: *(nachfragend)* Schloss/Burg?

Sachbearbeiter: Können Sie mieten.

Herr Flitz: Nehm ich!

Sachbearbeiter: Gästezahl bis 50, zwischen 50 und 100 oder mehr?

Herr Flitz: Ca. 80.

Sachbearbeiter: Kaltes Büfett, warmes Büfett oder gesetztes Essen?

Herr Flitz: Kaltes und warmes Büfett, große Auswahl und viel!

Sachbearbeiter: *(nickend)* Servicepersonal, eigene Besatzung oder beides?

Herr Flitz: Servicepersonal.

Sachbearbeiter: Unterhaltungsprogramm, Musik, Tanz?

Herr Flitz: Alles! Die ganze Zeit über am besten!

Sachbearbeiter: Feierlichkeiten ab morgens, mittags oder nachmittags?

Herr Flitz: Ab nachmittags reicht!

Sachbearbeiter: Die Anzahlung bar, Scheckkarte oder Kredit?

Herr Flitz: *(überrascht)* Anzahlung?

Sachbearbeiter: Natürlich brauchen wir eine kleine Anzahlung, um die anfallenden ersten Kosten bis zur endgültigen Abrechnung zu decken … nun, ich überschlage mal kurz *(geht die Kreuze auf seinem Bogen durch)* … sagen wir mal …: 10.000 Euro!

Herr Flitz: *(entsetzt)* 10.000 Euro als Anzahlung?

Sachbearbeiter: *(sich zurücklehnend und süffisant)* Ja, so eine Jubiläumsplanung auf die Schnelle kostet eben auch auf die Schnelle eine Kleinigkeit! Ohne Preis kein Fleiß!

Aus der Ferne

Sketchdauer: ca. 10 Minuten
Personen: Frau Hedwig und Frau Bogner, beide ca. 50
Kostüme: normale Straßenkleidung
Requisiten: gefüllte Einkaufskörbe oder -tüten

Eingangsszene: Frau Hedwig und Frau Bogner kommen vom Einkaufen und treffen in der Mitte der Bühne aufeinander. Sie stellen ihre Einkaufstüten oder -körbe ab.

Frau Hedwig: *(schnaufend)* Was für ein Geschleppe jedes Mal!

Frau Bogner: *(die Hand in die Hüfte gestützt)* Das können Sie laut sagen! Hätte ich gewusst, dass es so viel wird, hätte ich das Rad genommen!

Frau Hedwig: *(nickend)* Meins ist immer noch kaputt, und mit dem Auto bekommt man ja nie einen Parkplatz.

Frau Bogner: *(neugierig auf die Tüten zeigend)* Erwarten Sie Besuch am Wochenende?

Frau Hedwig: Nein, eigentlich nicht. Mein normaler Wochenendeinkauf ist dieses Mal nur etwas ausgeufert.

Frau Bogner: *(nickend)* Ich dachte nur. Letzte Woche habe ich meine Nachbarin, Frau Schube, im Supermarkt getroffen. Sie glauben gar nicht, was die alles eingekauft hat! Drei volle Einkaufswagen hat sie zur Kasse geschoben. Eine echte Zumutung für die anderen Käufer!

Frau Hedwig: *(verständnisvoll)* Bestimmt hat sie ein großes Fest vorbereitet.

Frau Bogner: *(eifrig nickend)* Ihre silberne Hochzeit!

Frau Hedwig: Na sehen Sie. Wahrscheinlich kamen viele Gäste, und sie brauchte eine ganze Menge!

Frau Bogner: *(eifrig)* 75 Personen habe ich gezählt! Das muss man sich erst einmal leisten können! Und sogar ihr Exmann mit seiner neuen Frau und den drei Kindern war da.

Frau Hedwig: Hm.

Frau Bogner: Zwei der Kinder sehen ihm und seiner Frau ja sehr ähnlich, aber das kleine Mädchen ist ziemlich dunkel. *(verschwörerisch)* Wer weiß, von wem die Frau das hat!

Frau Hedwig: *(etwas angewidert)* Man sollte aber vorsichtig sein mit solchen Unterstellungen.

Frau Bogner: *(die Augenbrauen hochziehend)* Ich hab da nur so ein komisches Gefühl, zumal seine Frau auch die ganze Zeit um Frau Schubes jüngeren Bruder herumscharwenzelte, während ihr Mann am Büfett stand.

Frau Hedwig: Waren Sie denn auch dort?

Frau Bogner: Ja! Alle! Die ganze Sippe ist aus Australien extra für das 25. Jubiläum angeflogen. Und dabei ist ihr Bruder doch seit Monaten arbeitslos, und seine Frau hat auch nur eine Halbtagsstelle, wegen der Kinder. Bestimmt haben die Schubes alle Flüge bezahlt. Naja, die haben's ja!

Frau Hedwig: Ich meinte eigentlich, ob Sie *(zeigt auf Frau Bogner)* auch dort waren? Ich wusste gar nicht, dass Sie Ihre Nachbarin so gut kennen.

Frau Bogner: *(überrascht)* Wer? Ich?

Frau Hedwig: Ja, weil Sie alles so genau beobachten konnten!

Frau Bogner: *(eifrig)* A propos beobachten: Sie glauben gar nicht, wie die Gäste sich die Teller vollgeladen haben. Man freut sich ja, wenn es allen schmeckt, aber diese Leute waren wirklich peinlich. Frau Schubes Vater hat sich auf einen Schlag sechs Scheiben Lachs genommen, was seinem Cholesterinspiegel bestimmt gar nicht gut tut, und seine Frau hat mindestens drei Stück Torte verdrückt, davon sogar eins von der, die links außen auf dem Büfett stand und *(sich angeekelt schüttelnd)* voller Buttercreme war! Vor den Augen aller anderen! Und dabei ist sie schon so dick!

Frau Hedwig: *(sich distanzierend)* Vielleicht essen die beiden sonst nicht so gute Dinge, und schließlich ist eine silberne Hochzeit ja auch eine Ausnahme. Wenn Sie alle Leute dort so schrecklich fanden, warum sind Sie denn dann nicht nach Hause gegangen?

Frau Bogner: *(überrascht)* Nach Hause? Aber da war ich doch!

Frau Hedwig: *(erstaunt)* Wie konnten Sie denn dann aus der Ferne jede Einzelheit von nebenan erkennen?

Frau Bogner: *(drucksend)* Naja, ... aus der Ferne sieht man auch so einiges, ... wenn man lange genug ...

Frau Hedwig: *(nachforschend)* Aber man kann von Haus zu Haus ja wohl kaum die Lachsscheibchen auf den Gästetellern zählen oder eine Buttercremetorte im Handumdrehen identifizieren!

Frau Bogner: *(einlenkend)* Naja, nicht mit bloßem Auge natürlich, das stimmt!

Frau Hedwig: *(entsetzt)* Aber Frau Bogner! Was wollen Sie denn damit sagen?

Frau Bogner: *(schnippisch)* Was ist denn schon dabei? Ich vertreibe mir die Zeit eben manchmal mit meinem kleinen Fernglas, das mir mein Mann zu unserer eigenen Silberhochzeit vor einem Jahr geschenkt hat. Eigentlich war es für gemeinsame Naturerkundungen gedacht, aber er hat ja immer so viel zu tun, und ich finde es sowieso viel spannender, das Leben in der Stadt zu beobachten als irgendwelche Vögel und Käfer im Wald! *(Frau Hedwig schaut sie mit offenem Mund entsetzt an, woraufhin Frau Bogner ihre Einkaufstüten nimmt und eilig mit erhobenem Kopf an ihr vorbeigeht. Im Vorbeigehen:)* Wir sehen uns bestimmt demnächst!

Frau Hedwig: *(sarkastisch)* Aber dann hoffentlich wieder von Angesicht zu Angesicht und nicht aus der Ferne!

Alles im Griff!

Sketchdauer: ca. 7 Minuten
Personen: Frau Ralf und ihr Mann, ihre beiden Kinder Sarah und Toni, 6 und 5, Beate, eine Freundin der Ralfs
Kostüme: festliche, nachmittägliche Ausgehkleidung
Ton: Türklingeln
Requisiten: Seile, Mullbinden, Handschellen

Eingangsszene: Aus dem Off ertönt ein Türklingeln. Frau und Herr Ralf laufen gemeinsam über die Bühne ins Off und kommen mit ihrer Freundin Beate zurück auf die Bühne.

Frau Ralf: *(erfreut zu Beate)* Schön, dass du uns mitnehmen kannst!
Herr Ralf: *(nickend)* Das ist wirklich nett!
Beate: Das ist doch gar kein Problem! Eure Wohnung liegt ja nun wirklich auf meiner Strecke, und genug Platz habe ich auch im Auto. *(zu Frau Ralf)* Du willst sicher auf dem Rücksitz sitzen und kannst dann eins der Kinder auf den Schoß nehmen.
Frau Ralf: *(etwas verbissen)* Ich soll nach hinten?
Beate: *(verwundert)* Ja, ich dachte nur … Mir ist das natürlich egal … *(zu Herrn Ralf)* Du kannst sonst auch …
Herr Ralf: *(schroff)* Auf keinen Fall sitze ich dieses Mal hinten! Das habe ich letztes Mal, als sie mitmussten. *(zu Frau Ralf)* Heute bist du dran!
Frau Ralf: *(ergeben, nicht erfreut)* Schon gut! *(zu der erstaunten Beate)* Keine Sorge, es wird schon alles gut gehen!
Herr Ralf: *(wieder entspannt und ebenfalls beruhigend zu Beate)* Es ist ja auch nur ein ganz kurzer Weg!
Beate: Ja, eigentlich könnten wir ja auch laufen bei diesem schönen Wetter!
Frau und Herr Ralf: *(energisch aus einem Munde)* Auf keinen Fall!
Beate: *(belustigt)* Ich dachte, die beiden sind schon aus dem

Krabbelalter raus! Geht ihr denn nie zusammen zu Fuß irgendwohin, wenn z. B. wie heute der Wagen kaputt ist?

Frau und Herr Ralf: *(aus einem Munde)* Niemals!

Beate: *(unwohl)* Ach so! *(sieht sich suchend um)* Wollen wir dann langsam los? Ich habe nämlich keinen Parkschein gelöst, und bis ihr mit den Kindern fertig seid …

Herr Ralf: *(schnell)* Die Kinder sind fertig!

Frau Ralf: *(mit einem fragenden Seitenblick)* Sind sie das?

Herr Ralf: *(stolz nickend)* Jawohl! Ich habe alles vorbereitet!

Beate: *(bemüht)* Märchenkassetten und ein paar Bilderbücher habe ich auch noch im Auto!

Herr Ralf: *(abschätzig)* Märchenkassetten und Bilderbücher! *(Beate schaut ihn verwundert und ein bisschen beleidigt an)*

Frau Ralf: *(einlenkend ihren Arm tätschelnd)* Lieb gemeint, aber wir haben dieses Mal wirklich an alles gedacht.

Beate: *(verwundert)* Ihr tut so, als seien die beiden kleine Monster! Auf Bärbels Taufe war ja wohl so einiges los mit den beiden, wie mir erzählt wurde, aber so schlimm kann es doch auch wieder nicht gewesen sein!

Frau Ralf: *(weinerlich)* Hast du eine Ahnung!

Herr Ralf: *(ebenfalls weinerlich)* Das kann sich keiner vorstellen!

Frau Ralf: *(Haltung annehmend und zu ihrem Mann)* Jetzt hol sie mal, sonst kommen wir noch zu spät!

Herr Ralf: *(sich die Ärmel aufkrempelnd, in die Hände spuckend)* An die Arbeit! *(geht entschlossenen Schrittes über die Bühne. Beate schaut immer verwunderter)*

Frau Ralf: *(lächelnd)* Dieses Mal haben wir wirklich alles im Griff! Eine Taufe ist ja schon ein feierlicher Anlass, aber die goldene Hochzeit meiner Eltern wird nicht wieder so ein Reinfall werden! *(Beate wieder den Arm tätschelnd)* Wir haben wirklich alles im Griff, keine Sorge! *(laut ins Off rufend)* Kommst du klar?

Herr Ralf: *(mit angestrengter Stimme aus dem Off, wie unter großer körperlicher Belastung)* Ja, ich schaff das schon! *(kommt über die Bühne auf die beiden Frauen zu. Unter jedem Arm trägt er ein Kind, das gefesselt und geknebelt ist und unverständliche Töne ausstößt)* Wir sind soweit! Es kann losgehen!

Feste Prinzipien

Sketchdauer: ca. 3-5 Minuten
Person: Henrick, ca. 50
Mobiliar: Tisch
Kostüm: leicht verwahrloste Freizeitkleidung
Requisiten: Telefon und Fotorahmen mit Foto
Ton: Telefonklingeln

Eingangsszene: Der Tisch steht in der Mitte der Bühne. Auf ihm befindet sich ein Telefon und ein Bilderrahmen mit dem Foto einer Frau. Henrick kommt laut schimpfend und mit beiden Händen gestikulierend von einem Ende der Bühne zur anderen. Jedes Mal, wenn er am Tisch vorbeikommt, wirft er dem Bild im Rahmen einen bösen Blick zu.

Henrick: *(wütend)* Ich kann es einfach nicht glauben! *(äfft eine Frauenstimme nach)* Wir passen einfach nicht mehr zusammen … *(verächtlich)* Und das fällt ihr eine Woche vor unserem 25-jährigen Hochzeitstag ein!! *(selbstmitleidig)* Wie schön habe ich mir den heutigen Tag mit ihr vorgestellt! So viele Überraschungen hatte ich für sie geplant …, ganz zu schweigen von all den Geschenken, mit denen ich sie überhäufen wollte!!! *(wieder wütend)* Aber nein! Die gnädige Frau komt plötzlich zu der Einsicht, dass zwischen uns nichts mehr läuft! Dann gibt's eben nichts! *(läuft kopfschüttelnd mit auf dem Rücken verschränkten Armen über die Bühne, bleibt dann abrupt vor dem Tisch stehen und nimmt den Bilderrahmen in die Hand. Mit zusammengekniffenen Augen)* Wenn ich es mir recht überlege, war sie immer schon ziemlich unberechenbar! Heute so, morgen so. Einen Tag glaubte ich, sie würde mich bis in alle Ewigkeit lieben, am nächsten Tag würdigte sie mich keines Blickes. *(stellt das Bild wieder unsanft auf den Tisch zurück)*

Und anspruchsvoll war sie auch von Anfang an. Immer mussten es die teuren Restaurants sein, nie reichte auch mal ein bescheideneres Lokal! *(steigert sich weiter in seinen Zorn hinein)* Und wenn sie nicht mindestens zehn Geburtstagsgeschenke bekam, spielte sie erst einmal eine geschlagene Stunde die Beleidigte! *(läuft zum Bild und stellt sich breitbeinig und mit vor der Brust verschränkten Armen davor auf)* Nein, einfach war es mit ihr nicht, und *(trotzig)* wir passten wahrscheinlich von Anfang an nicht richtig zusammen. Sie war immer so sprunghaft und launisch, und ich *(klopft sich an die Brust)* hatte schon immer meine Prinzipien, an die sie sich nie gewöhnen wollte. *(triumphierend auf das Foto deutend)* Aber jetzt ist Schluss mit diesen Launen! Ab heute wird nach meinen Spielregeln gespielt! Ich lasse mich nach 25 Jahren nicht mehr zum Narren halten! Lange genug habe ich ihre Launen über mich ergehen lassen. *(reißt beide Hände in die Luft)* Frei, frei, frei! Zu tun, was immer ich will! Und damit werde ich sogleich heute an meinem 25. Hochzeitstag beginnen. Jawohl! Mein neues Leben als freier Mann – das werde ich heute feiern! *(macht einen Schritt auf den Bilderrahmen zu und dreht ihn um, sodass man das Bild nicht mehr sehen kann. In diesem Moment klingelt das Telefon. Henrick greift ohne zu überlegen automatisch nach dem Hörer. Barsch)* Hallo! *(mit sanftester Stimme)* Ach du bist es, Schätzchen! *(unsicher)* Du hast nur Spaß gemacht? Kein Geld mehr und gerade zurück von den Malediven? Viel nachgedacht und gut erholt … wie schön! *(aufgeregt)* Natürlich komme ich sofort! Ein ganz neues Restaurant? Toll! Ja, ich weiß wo, und ich beeile mich … *(unruhig)* Bitte warte doch fünf Minuten … wie bitte? Nein, ich vergesse keins deiner Hochzeitsgeschenke und auch die Blumen nicht … *(Noch mit dem Hörer am Ohr läuft er eilig nach draußen)*

Schönheitsreparaturen

Sketchdauer: ca. 3-5 Minuten
Personen: Mark und Alexander, ca. 50
Mobiliar: Bistrotisch und zwei Stühle
Requisiten: Ein Glas Bier und eine Tasse Tee

Eingangsszene: Die beiden Männer sitzen sich am Tisch gegenüber. Mark trinkt einen Schluck aus seinem Bierglas, Alexander hat den Kopf in beide Hände gestützt und schaut trübselig in seine Tasse Tee.

Mark: *(auf die Tasse zeigend)* Seit wann trinkst du denn am Abend Tee? Bist du während meines Urlaubs zum Abstinenzler geworden?

Alexander: *(aufblickend und kopfschüttelnd)* Ganz im Gegenteil! In der letzten Woche habe ich getrunken wie ein Fisch. Es wird Zeit, dass ich wieder zu mir komme!

Mark: *(besorgt)* Hat dich deine silberne Hochzeit denn so mitgenommen? Erzähl mal, wie war's denn?

Alexander: *(abwinkend)* Hör bloß auf!

Mark: *(fragend)* So viel Stress?

Alexander: Stress ist gar kein Ausdruck!

Mark: Aber du hattest doch erzählt, dass Gisela schon im Vorfeld alles so toll vorbereitet hat und für dich fast nichts mehr zu tun blieb! *(verständnisvoll grinsend)* Wahrscheinlich war der Tag selbst dann aber doch anstrengend, was? All die Gäste und Glückwünsche ...

Alexander: *(kopfschüttelnd)* Es fiel alles aus!

Mark: *(überrascht)* Was fiel aus?

Alexander: Der Hochzeitstag!

Mark: *(entsetzt)* Wie bitte? Euer 25-jähriger Hochzeitstag fiel einfach aus??? Warum?

Alexander: Gisela wollte nicht mehr!

Mark: *(verständnislos)* Aber sie war doch gerade diejenige, die sich so ins Zeug gelegt und wochenlang alles bis ins kleinste Detail geplant hat ... Gästeliste, Tischordnung, Büfett ...

Alexander: *(seufzend einen Schluck Tee aus seiner Tasse trinkend)* Deshalb habe ich ihr ja auch einen Kosmetikgutschein über 300 Euro für eine dieser *(knirschend)* verdammten Tagesbeautyfarmen im Umland geschenkt. Sie sollte sich wenigstens am Tag vor der silbernen Hochzeit noch einmal richtig verwöhnen lassen und etwas ausspannen nach all der Arbeit.

Mark: *(anerkennend)* 300 Euro! Donnerwetter! Eine tolle Idee!

Alexander: *(abwinkend)* Von wegen tolle Idee! Eine Katastrophe!

Mark: *(neugierig)* Was ist denn passiert? Hat sie dort jemanden kennen gelernt und dich verlassen?

Alexander: *(verzweifelt)* Ja, sie hat mich am Vorabend unserer silbernen Hochzeit verlassen, aber nicht, weil sie jemand anderen kennen gelernt hat, sondern weil ich sie nicht mehr erkannt habe, als sie nach ihren kleinen Schönheitskorrekturen abends nach Hause kam!

Donna Mobile

Sketchdauer: ca. 7-10 Minuten
Personen: Thomas und Sybille, beide Ende 40
Mobiliar: Couch und Couchtisch oder Tisch und zwei Stühle
Requisiten: eine Zeitung

Eingangsszene: Sybille sitzt und liest Zeitung. Ihr Mann Thomas läuft unruhig an ihr vorbei und ist in Gedanken vertieft.

Sybille: *(die Zeitung aus der Hand legend)* Kannst du dich nicht einmal einen Moment hinsetzten? Dein Herumgelaufe macht mich ganz nervös. *(Thomas ignoriert sie und läuft weiter. nachdrücklich)* Thomas!

Thomas: *(aus seinen Gedanken hochfahrend und stehen bleibend)* Ja?

Sybille: Seit einer Viertelstunde läufst du hier auf und ab wie ein Tiger im Käfig!

Thomas: *(nickend und weiterlaufend)* Wie ein Tiger im Käfig! Genau so fühle ich mich auch!

Sybille: *(kopfschüttelnd)* Jetzt mach dir doch nicht solche Sorgen! Es wird schon alles gut laufen, und wir haben auch noch genug Zeit für alle Vorbereitungen! *(Sie zieht ihn zu sich auf die Couch/an den Tisch)*

Thomas: *(skeptisch)* Die drei Wochen bis zu unserem 25-jährigen Hochzeitstag werden bestimmt schnell vergehen!

Sybille: *(beruhigend)* Alles ist organisiert und bestellt! Nur die Gästeeinladungen müssen noch verschickt werden!

Thomas: *(hochschreckend)* Die Gäste!

Sybille: *(beruhigend)* Keine Sorge, ich gehe gleich zur Post. Den meisten habe ich telefonisch sowieso schon Bescheid gesagt.

Thomas: Was ist mit deiner Schwester?

Sybille: *(etwas angespannt)* Wir hatten beschlossen, über dieses Thema nicht noch einmal zu sprechen!

Thomas: *(unnachgiebig)* Ich finde aber doch, dass wir uns überlegen sollten …

Sybille: *(ihn unterbrechend)* Thomas, Klara ist meine Schwester, und sie wird selbstverständlich zu unserem Hochzeitsjubiläum eingeladen!

Thomas: *(gequält)* Aber sie wird wieder singen wollen!

Sybille: *(fest)* Wir werden ja sehen …

Thomas: *(sie heftig unterbrechend)* Das hast du bei den letzten beiden Familienfeiern auch gesagt, damit ich mitkomme, und jedes Mal hat sie stundenlang ihre grässlichen Arien zum Besten gegeben!

Sybille: *(erbost)* Du bist doch immer früher gegangen und hast gar nicht das ganze Programm mitbekommen!

Thomas: Ich habe genug mitbekommen! *(entschuldigend)* Dieses Gefiepse blockiert eben meine Nerven. *(sich steigernd und heftig gestikulierend)* Ich bekomme Schweißausbrüche …. Migräne!

Sybille: *(betont nüchtern)* Deshalb bist du ja auch früher gegangen und konntest dich dann den restlichen Abend zu Hause ausruhen.

Thomas: *(verzweifelt)* Aber dieses Mal kann ich nicht früher gehen!

Sybille: *(grinsend)* Das stimmt!

Thomas: *(mit zusammengekniffenen Augen)* Du machst dich wohl über mich lustig?

Sybille: *(beteuernd)* Überhaupt nicht! Nur musst du dieses Mal bis zum Ende durchhalten, denn du kannst ja wohl schlecht deine eigene silberne Hochzeit verlassen und nach Hause gehen *(kichernd)*, zumal du ja schon zu Hause bist …

Thomas: *(verärgert)* … und die Stimme deiner Schwester mich sowieso in jeden letzten Winkel meines Hauses verfolgen würde!

Sybille: *(einlenkend)* Vielleicht finden wir ja einen Ausweg!

Thomas: *(hoffnungsvoll)* Meinst du wirklich?

Sybille: *(nachsinnend)* Wir können Klara natürlich nicht verbieten zu singen!

Thomas: Vielleicht sollten wir eine Band bestellen, die den ganzen Abend ununterbrochen spielt, dann hat sie keine Möglichkeit …

Sybille: *(mit abweisender Geste)* Irgendwann wird auch diese Band eine Pause brauchen, und dann wird Klara ihre Chance wittern und einspringen!

Thomas: *(enttäuscht)* Und wenn wir diese Pausen sofort mit Spielen und anderen unterhaltsamen Aktivitäten füllten?

Sybille: *(kopfschüttelnd)* Klara wird zur Stelle sein und tarnt ihre Darbietungen dann einfach als *Singspiele.*

Thomas: *(verzweifelt)* Was machen wir also?

Sybille: *(plötzlich)* Ich habe da so eine Idee mit dem Büfett …

Thomas: *(beunruhigt)* Wenn sie während des Essens singt, bekomme ich keinen Bissen herunter!

Sybille: Ich meinte nicht, dass sie während des Essens singen soll … *(grübelt nach)*

Thomas: Sondern?

Sybille: *(lächelnd)* Wir drehen den Spieß dieses Mal einfach um und sagen ihr, dass wir uns ausdrücklich darüber freuen würden, wenn sie uns einige ihrer Lieder NACH dem Essen vortragen würde.

Thomas: *(begriffsstutzig)* Ja, aber was hilft das denn? Ob vor oder nach dem Essen …?

Sybille: *(belehrend)* Das ist eben der entscheidende Unterschied. Bisher hat Klara immer vor der Eröffnung des Büfetts gesungen und ihre ganze Vorfreude auf das Essen hinausgeträllert. Du weißt ja, wie gerne sie isst …

Thomas: *(heftig nickend)* Und wie viel! Hinterher ist sie immer völlig erledigt, gibt keinen Ton mehr von sich und macht in irgendeiner Ecke ein heimliches Nickerchen, nachdem sie vorher stundenlang unsere Trommelfelle … *(bricht plötzlich ab und lächelt Sybille an)* Jetzt versteh ich!!

Sybille: *(triumphierend)* Üppige Büfetts sind eben ihre absolute Leidenschaft, da kann sie sich nicht zurückhalten! *(steht auf und zieht Thomas mit sich)* Lass uns also schnell noch zusätzlich ein paar dieser fetten Mayonnaisesalate und zwei Platten mit schwer verdaulichen Räucherwürsten und -fischen für das Büfett dazubestellen. Dann kann in drei Wochen gar nichts mehr schief gehen!

Ruhig und entspannt

Sketchdauer: ca. 3 Minuten
Personen: Sascha, ca. 50, und Monika, seine Frau
Requisiten: geknotetes Lendentuch, Kerze

Eingangsszene: Sascha sitzt mit dem Gesicht zum Publikum in Yogi-Haltung auf dem Boden: Die Beine sind verschränkt, die aufgerichteten Ellenbogen ruhen auf den Knien, in jeder Hand berühren sich Zeigefinger, Mittelfinger und Daumen und weisen nach oben. Saschas Oberkörper ist unbekleidet, er trägt nur ein knappes Lendentuch. Vor ihm steht eine brennende Kerze.

Sascha: *(mit geschlossenen Augen halblaut)* Ich bin ganz ruhig und entspannt. *(atmet laut ein und aus, wobei sich sein Brustkorb hebt und senkt)* Ich denke an nichts ... *(hält plötzlich den Atem an)* Naja, abgesehen von meinem Hochzeitsjubiläum morgen ..., *(schlägt kurz die Augen auf)* aber eigentlich *(atmet wieder aus)* bin ich *(gedehnt)* ganz entspannt ... *(schließt die Augen wieder und murmelt schnell)* Aber nur eigentlich, denn Monika ist seit Tagen ein Nervenbündel wegen der vielen Gäste, die Kinder sind wie immer nur mit ihren eigenen Dingen beschäftigt, Opa und Oma erzählen uns von früh bis spät lustige Anekdoten von Pannen auf anderen Hochzeitsjubiläen, und unseren Kater kann auch keiner mehr finden in dem Chaos! *(zieht die Schultern hoch, neigt den Kopf von einer Seite zur anderen und atmet wieder ein und aus, wobei sich sein Brustkorb deutlich hebt und senkt. Mit geschlossenen Augen, langsam, dann immer schneller)* Ich bin ganz ruhig und entspannt, ganz ruhig und entspannt, ganz ruhig und entspannt ..., zum Teufel!! Ganz konfus und gespannt!!! *(schlägt sich mit einer Hand aufs Knie, öffnet die Augen und sackt etwas nach vorne. Nervös)* Hoffentlich hat Monika die Tischordnung noch einmal umgestellt! Wie konnte sie nur auf die Idee kommen, Onkel Heinz neben Tante Mary zu setzen! Das gibt doch Mord und Totschlag! *(reißt sich zusammen und nimmt wieder seine gerade Ausgangshaltung ein. Um Ruhe bemüht)* Mich stört das ja alles nicht, denn ich bin *(betont)* gaaaaaanz ruuuuuuhig und entspaaaannt! *(zuckt kurz zusammen und greift sich ans Herz. Mit gequältem Gesichtsausdruck)* Diese Nervosität wird mich am Vortag meiner silbernen Hochzeit noch umbringen! *(nimmt langsam und mühsam seine Position ein und beginnt wieder ein- und auszuatmen. In diesem Moment kommt Monika auf die Bühne gestürmt)*

Monika: *(wütend)* Hier bist du! *(ihn entsetzt musternd)* Ist denn das zu fassen? Die ganze Familie weiß nicht mehr, wo ihr der Kopf steht bei all der Arbeit für morgen, und du sitzt hier mit leerem Kopf und meditierst ganz ruhig und entspannt!

Ach Bärbel!

Sketchdauer: ca. 12-15 Minuten
Personen: Thorsten und Ruth, ein Ehepaar mittleren Alters, ihre Zwillinge Ute und Tim, 7
Mobiliar: Wohnzimmereinrichtung
Kostüme: festliche Abendkleidung für das Ehepaar, Schlafanzüge für die Kinder
Requisiten: Handtasche für Ruth, zwei Gläser, ein Teller mit einem belegten Brot, eine Tasse

Eingangsszene: Die Eltern schleichen über die Bühne. Thorsten legt einen Finger an die Lippen, Ruth nickt verständnisvoll.

Ruth: *(flüsternd)* Ich glaube, wir können jetzt gehen!

Thorsten: *(nickend)* Ich habe gerade noch einmal nachgeschaut. Bärbel liest ihnen noch eine Geschichte vor, und die beiden werden gleich eingeschlafen sein. *(Sie gehen langsam weiter)*

Ute: *(Schrei aus dem Off)* Mami!

Ruth: *(stehen bleibend)* Zu früh gefreut! *(geht in Richtung der Stimme über die Bühne zurück. Ute kommt ihr entgegen)*

Ute: *(sich verschlafen die Augen reibend)* Ich habe Hunger!

Ruth: *(überrascht)* Aber wir haben doch erst vor einer halben Stunde zusammen Abendbrot gegessen!

Ute: *(müde)* Ich habe aber noch Hunger!

Thorsten: *(ermahnend)* Du hast doch aber schon zwei Brote gegessen!

Ute: *(nörgelnd)* Ich habe aber immer noch Hunger!!

Ruth: *(besänftigend)* Also gut, ich hole dir schnell noch ein Brot *(ab)*

Thorsten: *(Ute in den Arm nehmend)* Das Brot isst du aber in deinem Zimmer mit Bärbel, einverstanden! Sie ist extra gekommen, um heute Abend auf euch aufzupassen! *(Ute nickt. Ruth kommt mit einem Teller zurück, auf dem ein belegtes Brot liegt)*

Ruth: *(freundlich, aber bestimmt)* Hier, mein Schatz! *(reicht Ute den Teller und klopft ihr auf den Po)* Jetzt aber ab ins Bett! *(Ute geht ab. Zu Thorsten)* Jetzt aber los, sonst kommen wir noch zu spät zur silbernen Hochzeit von Onkel Jürgen und Tante Inge. *(Thorsten nickt, und die beiden machen sich wieder auf den Weg. Plötzlich läuft Tim auf die Bühne)*

Tim: *(weinerlich)* Das ist fies!

Thorsten: Tim! Du solltest längst schlafen!

Tim: *(protestierend)* Es ist aber ungerecht!

Ruth: Was ist fies und ungerecht?

Tim: Ute hat noch etwas zu essen bekommen und ich nicht!

Ruth: Wir dachten ja auch, dass du schon schläfst!

Tim: *(nörgelnd)* Das habe ich ja auch, aber sie hat so laut geschmatzt, dass ich wieder aufgewacht bin! Jetzt habe ich auch Hunger, aber sie gibt mir nichts ab!

Ruth: *(seufzend)* Gut, ich mache dir auch noch schnell ein Brot!

Thorsten: *(kopfschüttelnd)* Wo ist denn eigentlich Bärbel? *(Ruth nimmt Tim an die Hand und geht mit ihm ab. Kurze Zeit später kommt sie allein zurück)*

Ruth: Ich kann Bärbel nicht finden. Wahrscheinlich ist sie auf der Toilette. Die beiden essen jetzt ihre Brote, und dann ist Bärbel ja wieder bei ihnen! *(Sie wollen losgehen. Ute und Tim laufen wieder auf die Bühne)*

Ute: Mami, ich habe Durst!

Tim: Ich auch! Können wir Saft haben?

Thorsten: *(verärgert)* Das ist ja kein Wunder nach all den Broten heute Abend!

Ruth: *(nervös auf die Uhr schauend)* Ja, aber schnell jetzt! *(nimmt beide Kinder an die Hand und geht mit ihnen ab)*

Thorsten: *(zu sich)* Mal sehen, was den beiden als nächstes einfällt!

Ruth: *(kommt zurück)* So, jetzt ist alles in Ordnung! Ich weiß wirklich nicht, was Bärbel so lange im Badezimmer macht …

Thorsten: *(ärgerlich)* Wofür bezahlen wir eine Babysitterin, wenn sie im richtigen Moment nicht zur Stelle ist?

Ruth: *(einlenkend)* Die letzten Male hat doch immer alles gut geklappt! *(Thorsten brummt, und die beiden machen sich wieder ans Fortgehen, woran sie jedoch wiederum durch lautes Rufen gehindert werden)*

Ute: Mami, ich muss mal!

Thorsten: *(laut und genervt)* Hach!

Ute: *(läuft auf die Bühne, hält die Hand zwischen die zusammengepressten Beine)* Ich muss mal Pipi! *(Tim läuft mit gleicher Gestik auf die Bühne und stellt sich neben seine Schwester)*

Ruth: *(streng)* Du auch? *(zu beiden)* Warum seid ihr nicht vorhin auf die Toilette gegangen?

Ute: *(weinerlich)* Das konnten wir doch nicht!

Thorsten: *(streng)* Und warum nicht?

Tim: *(mit verzerrtem Gesicht und von einem Bein aufs andere trippend)* Bärbel ist doch im Badezimmer!

Thorsten: Dann wartet ihr eben einen kurzen Moment, bis sie fertig ist, und geht dann ins Bad!

Ruth: *(die beiden Kinder nach draußen schiebend)* Genau! Wir müssen jetzt jedenfalls wirklich los, es ist schon sehr spät, und Tante Inge wird schon ganz wütend sein! *(Die Kinder sträuben sich)*

Ute: *(schluchzend)* Dann muss ich mir eben wieder in die Hosen machen!

Tim: *(störrisch)* Wie bei den letzten Malen!

Ruth: In die Hosen machen? Bei welchen letzten Malen?

Thorsten: *(skeptisch)* Ich habe noch nie nasse Sachen bei euch gesehen!

Tim: Wir hängen sie immer aus dem offenen Fenster, damit sie schnell trocknen!

Thorsten: *(entsetzt)* Aus dem offenen Fenster? Wir wohnen in der 12. Etage!!! Wo war denn Bärbel …?

Tim: *(verächtlich abwinkend)* Ach Bärbel!

Ute: *(erklärend)* Die schließt sich doch immer sofort im Badezimmer ein, nachdem ihr gegangen seid, und liest die ganze Nacht Krimis! *(Das Ehepaar sieht sich entsetzt an)*

Hunderprozentig himmlisch

Sketchdauer: ca. 10 Minuten
Personen: Ehepaar mittleren Alters
Mobiliar: Frühstückstisch und zwei Essstühle
Requisiten: Frühstücksgeschirr und Frühstück nach Belieben, Zeitung
Kleidung: bequeme Bademäntel

Eingangsszene: Die beiden sitzen am Tisch, frühstücken und sind in ihre Zeitungsseiten vertieft.

Sie: *(frustriert)* Es ist echt deprimierend!
Er: *(weiter lesend)* Was denn?
Sie: *(seufzend)* Wir scheinen zu der immer mehr vom Aussterben bedrohten Gruppe der Ehepaare zu gehören, die ihr 20-jähriges Hochzeitsjubiläum noch gemeinsam verbringt. Es ist einem ja schon fast peinlich zuzugeben, dass man seit 20 Jahren noch mit derselben Person verheiratet ist.
Er: Glücklich verheiratet!
Sie: *(seufzend)* Davon scheint in dieser Umfrage hier keine Rede zu sein!
Er: Was ist denn das für eine Umfrage?
Sie: Es geht um die Beziehung zwischen Ehepaaren nach einigen gemeinsamen Ehejahren ... hör mal hier: Jede dritte Ehe wird heutzutage geschieden, Tendenz zunehmend. 80 % aller Ehepaare unterhalten sich durchschnittlich nur noch zehn Minuten täglich miteinander, und 70 % unternimmt nur noch am Wochenende oder im Urlaub etwas Gemeinsames, abgesehen vom Essen!
Er: *(Kopf schüttelnd)* Das hört sich ja furchtbar an!
Sie: *(fortfahrend)* 85 % gaben zu, dass sie nur mit ihrem Partner zusammenblieben, weil sie Angst vor dem Alleinsein hätten,

und 78 % gaben an, dass sie hin und wieder bis regelmäßig von Seitensprüngen träumten …

Er: *(Kopf schüttelnd)* Was für ein Elend!

Sie: *(seufzend)* 68 % fühlen sich voneinander häufig genervt oder ignoriert oder beides, 82 % erinnern sich schneller an den Namen ihres ersten Haustieres als an den zweiten Vornamen ihres Ehepartners, und …

Er: *(sie unterbrechend)* Grauenhaft! Gibt es denn keine aufbauenden Ergebnisse in deiner Untersuchung?

Sie: *(eifrig die Seiten ihrer Zeitung durchblätternd, zögernd)* Aufbauend …? Ich weiß nicht … Hier steht etwas …

Er: *(auffordernd)* Lies mal vor!

Sie: *(zögerlich)* Also eigentlich finde ich hier nur noch zwei Zahlen: 80 % glauben, dass sie ohne Humor ihre Ehe nicht überleben würden …

Er: *(bemüht)* Na, das ist doch schon etwas positiver!

Sie: Und alle 100 % sind der Meinung, dass sie nach den Mühen der Ehe später in den Himmel gelangen müssten.

Er: *(erfreut)* Na bitte! 100 % glauben also, die Ehe sei trotz allem ein himmlischer Zustand! Volltreffer!

Sie: *(skeptisch)* Ich weiß nicht, ob das so gemeint war …

Er: *(überzeugt)* Na, wie denn sonst! *(nimmt ihr die Zeitungsseiten aus den Händen und beugt sich zu ihr über den Esstisch)* Jetzt vergiss diese dumme Untersuchung und lass uns lieber zusammen überlegen, was wir morgen zu unserem 20-jährigen Hochzeitstag unternehmen können. *(Sie schaut ihm etwas verzweifelt entgegen. Er nimmt ihre Hand)* Mach dir mal keine Sorgen um unsere Ehe! Auf jeden Fall werden wir auch morgen noch länger als zehn Minuten miteinander reden *(verschmitzt)* – und sei es auch nur, um herauszufinden, wie mein erster Goldhamster hieß … nicht wahr, Sophie Charlottchen?

Von der goldenen bis zur Kronjuwelenhochzeit

Goldene Rückblicke auf gemeinsam Erlebtes und neue Ausblicke auf kommende Ereignisse und Möglichkeiten: Der 50. bis 75. Jahrestag

Große Pläne

Sketchdauer: ca. 10-15 Minuten
Personen: Vater, Mutter, Tochter Doris und Sohn Tobias, ca. 17 und 12
Mobiliar: Wohnzimmereinrichtung, z. B. Couch mit Sesseln und Ablagetisch, Esstisch mit Stühlen und ein Telefon
Kostüme: Alltagskleidung nach Belieben
Requisiten: zwei Bücher, Gläser und/oder Tassen, Stifte, Malblock, Computerspiel o. Ä.
Ton: leise Hintergrundmusik nach Belieben, Telefonklingeln

Eingangsszene: Die Familie sitzt einträchtig zusammen, und jeder geht seiner Beschäftigung nach: Vater und Mutter lesen in ihren Büchern, Tobi spielt mit seinem Computerspiel, dessen Piepsgeräusche den anderen Familienmitgliedern Anlass zu Murren und Stöhnen gibt. Doris malt am Tisch auf einem Block. Etwas entfernt steht das Telefon.

Vater: *(legt sein Buch beiseite und schaut von einem zum anderen)* Da wir gerade einmal vollzählig versammelt sind, sollten wir uns endlich über Opas und Omas goldene Hochzeit Gedanken machen. *(Die drei anderen nicken schweigsam vor sich hin. Keiner blickt hoch oder unterbricht seine Tätigkeit. Bekräftigend)* Nun kommt schon! Viel Zeit haben wir nicht mehr für die Planung.

Mutter: *(legt seufzend ihr Buch beiseite und wendet sich ihrem Mann zu)* Ich finde, du hast Recht. In knapp vier Wochen feiern die beiden ihren 50. Hochzeitstag, und wir wollten doch etwas organisieren.

Doris: *(aufblickend)* Was denn? Eine Reise?

Vater: *(abwinkend)* Nein, das Risiko, dass etwas passieren könnte, ist zu groß in ihrem Alter.

Tobias: *(weiter mit seinem Spielzeug beschäftigt)* Aber sie unternehmen doch noch eine ganze Menge, sagt Oma immer.

Mutter: Das sagt Oma nur, weil sie nicht will, dass wir uns um sie Sorgen machen. Am wohlsten fühlen sich die alten Herrschaften doch in den eigenen vier Wänden.

Doris: *(enttäuscht)* Och, dann hocken wir dort also wieder den ganzen Tag bei Kaffee und Kuchen herum?

Vater: *(besänftigend)* Nein, doch nicht an ihrem 50. Hochzeitstag! Da machen wir etwas ganz Besonderes mit den beiden, damit sie auch einmal ein bisschen Abwechslung und Aufregung haben.

Mutter: *(zustimmend)* Nur eben nicht zu viel! *(nachdenklich)* Wie wäre es denn mit einem netten Essen irgendwo draußen?

Doris: *(aufspringend)* Au ja, Eisessen bei Paolo!

Mutter: *(lachend)* Das verträgt Opas Magen nicht mehr!

Doris: *(enttäuscht)* Schade!

Tobias: *(mit Blick auf seinen Computer)* Dann gehen wir eben zu McDonald's!

Vater: *(ebenfalls lachend)* Oma isst doch kein Fleisch!

Doris: McDonald's hat auch Pommes und Gemüseburger.

Vater: Fast Food scheint mir außerdem nicht das passende Essen für einen so feierlichen Anlass zu sein!

Doris: *(zuckt mit den Schultern)* Dann eben nicht!

Mutter: *(beschwichtigend)* Spaß beiseite! Ich dachte eher an ein leichtes Essen im *Fröhlichen Landmann.*

Tobias: *(gelangweilt)* Muss man dort lange hinfahren?

Vater: *(streng)* Pst!

Mutter: Wir könnten eine Musikband mit netter Tanzmusik bestellen. Ein paar von Omis und Opis Freunden und Bekannten sind doch noch ganz fit!

Vater: Eine gute Idee!

Doris: Oma hat ja auch neulich etwas von einem Tanzverein erzählt.

Vater: Wahrscheinlich hat sie das aus dem Seniorenprogramm im

Fernsehen. Aber es stimmt: Musik und Tanz mochte sie schon immer gern.

Tobias: Und Opa?

Vater: *(unsicher)* Ich weiß nicht. Habe ihn noch nie danach gefragt.

Mutter: Ansonsten kann Opa sich ja auch mit seinen alten Freunden Kurt und Paul unterhalten. Jugendfreunde haben sich immer viel über die guten alten Zeiten zu erzählen.

Vater: Das wird Opa bestimmt viel Freude machen.

Mutter: *(nickt zufrieden)* Genau! Also einigen wir uns auf den *Fröhlichen Landmann*?

Vater: Ja, ich versuche gleich einmal eine telefonische Reservierung für diesen Tag zu bekommen. Mehr als 20 Personen werden es ja wohl nicht werden oder?

Mutter: Nein, auf keinen Fall! Das wäre für die beiden auch zu anstrengend und für uns alle zu aufwändig! *(Der Vater geht zum Telefon, Mutter und die Kinder nehmen ihre Beschäftigungen von vorher wieder auf. Als der Vater nach dem Hörer greifen will, klingelt das Telefon. Alle schauen erstaunt hoch, der Vater nimmt den Hörer ab)*

Vater: Hallo? Ach, Opa! *(schnipst mit den Fingern, um die Aufmerksamkeit seiner Familie auf sich zu lenken)* Wir haben gerade von euch gesprochen! *(begeistert)* Ja, genau davon! Wir dachten, dass ihr an diesem Ehrentag etwas wirklich Tolles machen solltet. Das findet ihr auch? Gut, also wir dachten … *(Pause)* Nach euren Wünschen? *(sich großherzig an die Brust schlagend und den anderen zuwinkernd)* Aber natürlich! Wir dachten uns also … *(lässt plötzlich den Arm herunterfallen und stottert)* Wie bitte? Was?? 120 Gggäste aus Ooomas Ttttttanzverein und dem … Pokerclub, den du mit Ppp…Paul und Karl gegründet hast? Hotelschiff Astoria mit Übernachtung und … Sieben-Gänge-Menü?? Ein Mimimitternachtsfeuerwerk und … *(entsetzt und laut)* VATER!!! Nacktbaden bei Vollmond im Swimmingpool auf dem Ddddeck??? *(lässt den Hörer zu Boden baumeln und starrt entsetzt in Richtung seiner Familie. Die Mutter starrt ebenso entsetzt zurück, die Kinder kichern hinter vorgehaltenen Händen)* Die beiden sind wohl über Nacht völlig durchgedreht!!!

Ein besonderes Ereignis

Sketchdauer: ca. 15 Minuten
Personen: Fred, ca. 9, und seine Mutter
Mobiliar: Wohnzimmertisch und zwei Stühle, evtl andere passende Einrichtungsgegenstände
Kostüme: Alltagskleidung nach Belieben
Requisiten: Block und Stifte, Hefte und Füller, Bücher

Eingangsszene: Mutter und Sohn sitzen am Tisch und sind mit Schreiben und Malen beschäftigt, wobei die Mutter die nach und nach fertiggestellten Hausarbeiten und Bilder ihres Sohnes liest, anschaut und hier und da korrigiert.

Fred: Du, Mami …

Mutter: *(nicht von ihrem Heft aufblickend, in dem sie gerade liest)* Mm.

Fred: Paul hat doch am Wochenende Geburtstag, und wir wollten eine Fahrradrallye und ein Picknick danach machen. Kann ich bei ihm übernachten?

Mutter: *(immer noch in Gedanken vertieft)* Mm.

Fred: *(erfreut)* Toll, danke! *(nimmt sich ein leeres Blatt Papier und farbige Stifte und beginnt zu malen)*

Mutter: *(hochblickend)* Was hast du gesagt?

Fred: *(stirnrunzelnd und vorwurfsvoll)* Du hast mir gar nicht zugehört!

Mutter: Entschuldige. Ich war gerade so in deine Aufgaben hier vertieft. *(zeigt auf das Heft)* Du hast übrigens wirklich wenig Fehler gemacht! *(nickt anerkennend)* Sehr schön!

Fred: Dafür darf ich dann auch bei Paul am Wochenende übernachten, ja?

Mutter: *(wieder mit den Aufgaben vor ihr beschäftigt und ein wenig abgelenkt und langsam)* Nein, an diesem Wochenende geht das leider nicht, aber nächste Woche vielleicht.

Fred: *(schmeißt seinen Malstift auf das Blatt, sodass seine Mutter erschrocken zusammenzuckt)* Er hat doch aber an diesem Wochenende Geburtstag !

Mutter: *(ruhig)* Fred, an diesem Wochenende feiern wir die goldene Hochzeit von Opa und Oma. Davon sprechen wir doch schon seit Monaten! Dieses Mal hast *du* wohl nicht richtig zugehört!

Fred: Ich wusste nicht, dass die Hochzeit an Pauls Geburtstag ist!

Mutter: *(verständnisvoll)* Ich verstehe ja, dass du enttäuscht bist, aber eine goldene Hochzeit ist eben ein ganz besonderes Ereignis, das hat Vorrang!

Fred: *(mit vor der Brust verschränkten Armen und trotzig)* Pauls Geburtstag ist für mich auch ein ganz besonderes Ereignis!

Mutter: *(immer noch geduldig)* Aber Fred! Du kannst doch nicht irgendeinen beliebigen Geburtstag deines Freundes mit dem 50-jährigen Hochzeitstag deiner Großeltern vergleichen!

Fred: *(trotzig)* Es ist nicht irgendeiner, sondern sein zehnter Geburtstag, und eine Fahrradrallye mit Picknick habe ich auch noch nie mitgemacht!

Mutter: Das könnt ihr an einem anderen Tag mit euren Freunden noch einmal nachholen.

Fred: Woher weißt du denn, dass sie so etwas noch einmal machen, dass dann alle anderen auch Zeit haben und eingeladen sind, dass es nicht vielleicht regnet oder eine andere Katastrophe …

Mutter: *(ihn unterbrechend)* Jetzt übertreibst du aber! Eine Fahrradrallye und ein Picknick kann man wiederholen, ein 50-jähriger Hochzeitstag ist aber ein besonderes Ereignis …

Fred: *(murrend)* Besonderes Ereignis, besonderes Ereignis …

Mutter: *(fortfahrend)* … zu dem die ganze Familie *(betont) vollzählig* erscheinen wird.

Fred: *(patzig)* Ich will aber viel lieber …

Mutter: *(ihn unterbrechend und etwas strenger)* Fred! Jetzt ist Schluss! Du wirst am Wochenende mit uns allen die goldene Hochzeit deiner Großeltern feiern, Paul nachträglich ein schönes

Geschenk machen und seinen Geburtstag mit ihm nachfeiern – basta! *(Fred schweigt trotzig. Einlenkend)* Nun komm schon! Ich schenke euch auch zwei Kinogutscheine!

Fred: *(traurig)* Ich will nicht ins Kino, sondern zur Rallye!

Mutter: *(leicht verzweifelt und etwas genervt)* Das wird wohl nicht möglich sein an diesem Wochenende, es sei denn *(ironisch)*, die Rallye findet morgens statt und du bist pünktlich um 13 Uhr zum Mittagessen zur Stelle!

Fred: *(aufhorchend)* Wo findet denn das Mittagessen statt?

Mutter: *(erleichtert)* Aha, wenn es um's Essen geht, wird die goldene Hochzeit plötzlich interessanter, was? Wir haben einen Saal in einem Landgasthof direkt am Fluss reserviert, ungefähr eine halbe Stunde von hier entfernt.

Fred: *(interessiert)* Mit dem Auto oder zu Fuß?

Mutter: *(leicht verwundert)* Mit dem Auto! Zu Fuß bräuchte man viel länger, aber du fährst natürlich mit uns!

Fred: Ich würde lieber mit meinem Fahrrad fahren.

Mutter: Wieso denn?

Fred: Ich mag eben frische Luft und fahre ja auch sonst überall mit dem Rad hin.

Mutter: *(lachend)* Darüber werden wir noch reden.

Fred: Und wo genau ist das Gasthaus und wie heißt es?

Mutter: Plötzlich kannst du es ja gar nicht erwarten, und noch vor zwei Minuten wolltest du überhaupt nicht kommen! Es ist in der Rosenallee 12, neben der Heringsbrücke *(Paul nickt und notiert sich die Adresse auf einem Stück Papier)*, und heißt …

Fred: *(begeistert und laut)* Ich weiß! Wir waren schon mal dort. Es heißt *Picknick am Fluss.*

Mutter: *(erstaunt)* Ja, das war wohl der Name! Ich wusste gar nicht, dass du dich so gern an diesen Besuch erinnerst …, es ist ja auch schon ein paar Monate her.

Fred: *(aufgeregt auf seinem Stuhl hin- und herrutschend)* Ich hatte es auch eigentlich vergessen, aber durch das Picknick …

Mutter: *(lachend)* Ach, jetzt verstehe ich! Du überlegst dir also als Ersatz für Pauls Geburtstag am Wochenende deine eigene Version von Fahrradrallye und Picknick!

Fred: *(entschlossen)* Wieso Ersatz? Du hast doch gesagt, ich muss um 13 Uhr zum Mittagessen im Restaurant sein, oder?

Mutter: *(unsicher)* Ja?

Fred: Paul wohnt doch hier an der Ecke, und wenn wir allen 20 Kindern Bescheid sagen, pünklich zu kommen, und die Rallye wirklich früh am Morgen starten, dann schaffen wir es auch, um 13 Uhr rechtzeitig zum Picknick bei euch zu sein!

Mutter: *(entsetzt)* Alle ... zum Picknick ... bei uns???

Fred: *(selbstbewusst)* Ja, im *Picknick am Fluss! (steht auf, aufgeregt auf dem Weg nach draußen)* Ich rufe jetzt schnell Paul an und sage ihm, dass ich zwar nicht bei ihm übernachten kann und dass wir früher starten müssen, dass seine Eltern aber kein Picknick vorbereiten müssen!

50-jähriges Jubiläum

Sketchdauer: ca. 7 Minuten
Person: Werner, 70-80
Mobiliar: gemütlicher (Ohren-)Sessel, Couchtisch
Kostüm: Bequeme Hauskleidung, z. B. Strickjacke und Jogginghose, nach Belieben
Requisiten: Fotorahmen mit Bild, Pfeife, ein Glas Wein oder Bier, ausgestopftes Reptil in einer Kiste

Eingangsszene: Werner sitzt gemütlich in seinem Sessel und raucht Pfeife. Vor ihm auf dem kleinen Tisch steht ein Glas Wein und ein Bilderrahmen, der so gestellt ist, dass das Publikum das Foto nicht sehen kann. Unter dem Tisch steht ganz unauffällig eine Kiste.

Werner: *(an seiner Pfeife ziehend)* Genau heute vor 50 Jahren habe ich sie das erste Mal gesehen! Kaum zu glauben, wie die Zeit vergeht. *(schüttelt den Kopf, nimmt den vor ihm stehenden Bilderrahmen in die Hand und betrachtet liebevoll das Foto)* Ich kann mich noch ganz genau daran erinnern, wie ich in das Zoogeschäft kam und eigentlich nach einem kleinen Häschen für meine damalige Freundin … *(nachdenklich)* Wie hieß sie doch noch gleich? Frieda? Klärchen? Nein, Klärchen war die aus der Schule. *(abwinkend und den Bilderrahmen zurück auf den Tisch stellend)* Ist ja auch egal! Als ich an diesem Tag in ihre jadegrünen Augen blickte, war Frieda oder wer auch immer jedenfalls auf der Stelle vergessen, und es gab nur noch sie *(zeigt mit dem Finger auf das Foto, trinkt einen Schluck und lehnt sich in wohliger Erinnerung wieder zurück in den Sessel)* Und es beruhte wohl auf Gegenseitigkeit, denn sie ließ mich eigentlich nie aus den Augen – nicht nur dort, sondern auch später zu Hause. *(zieht wieder an seiner Pfeife)* Auf

Schritt und Tritt schien sie mich zu beobachten, sogar beim Essen, ihrer Lieblingsbeschäftigung! *(lacht in sich hinein)* Und was habe ich mir für Köstlichkeiten ausgedacht, um sie bei Laune zu halten, diese kleine Feinschmeckerin! Kein Feinkostgeschäft war mir zu teuer, keine Leckerei unbekannt! Wenn ich nur an diesen glücklich-satten Blick denke, nachdem sie mit ihrem süßen langen Zünglein alles genüsslich aufgezischelt hat ... das war wirklich jede Mühe wert! *(seufzt)* Und mühelos war sie ja nun auch nicht gerade! *(tippt gespielt vorwurfsvoll mehrmals mit dem Zeigefinger auf den Bilderrahmen)* Manchmal ließ sie sich nicht anfassen und war furchtbar kalt! Und wie oft hat sie sich vor mir versteckt, und ich habe sie stundenlang angstvoll gesucht, wenn ich abends nach Hause kam und sie nicht gleich fand. Brachte ich ihr einmal keine besondere Leckerei mit, was äußerst selten vorkam, dann spielte sie tagelang die Beleidigte und verschmähte jegliche Nahrung, bis sie ganz zerknittert und dünn aussah und ich vor lauter Sorge fast umkam! *(trinkt wieder einen Schluck und zieht ein bisschen stumm an seiner Pfeife)* Manchmal war ich mir gar nicht sicher, ob sie auch so glücklich mit mir war wie ich mit ihr. Vielleicht hat sie sich ja etwas einsam mit mir gefühlt. Keine Kinder, wenig Besuch ... *(nachdenklich)* Mir reichte eben ihre Gegenwart, und ich brauchte keine andere! *(aufseufzend)* Natürlich war mir von Anfang an klar, dass sie nicht so lange leben würde! Bei ihren Anlagen! *(traurig)* Aber trotzdem wäre es doch schön gewesen, sie heute zu unserem 50-jährigen Jubiläum richtig bei mir zu haben und es nicht allein bei einem einsamen Glas feiern zu müssen. *(trinkt das Glas aus und fängt dann verschmitzt an zu kichern, leicht beschwipst)* Obwohl sie mir ja gar nicht sooooo fern ist ... *(greift unter den Couchtisch nach der Kiste und holt das ausgestopfte Reptil hervor, das er neben den Bilderrahmen stellt; liebevoll prüfend zwischen Foto und Tier hin und her-*

schauend) … und sehr verändert hat sie sich in den 50 Jahren eigentlich auch nicht, was man von so manch anderer bestimmt nicht sagen kann!

Der Zauberring

Sketchdauer: ca. 15–20 Minuten
Personen: Drei »Ausführungen« von Tanja und Robert (das heißt: vier oder sechs Darsteller, damit keine Pausen wegen des Umziehens entstehen), zwei Helfer
Kostüme: passende Kleidungsstücke für die Altersgruppen 20-25, 45–55 und ab 75 Jahre, eventuell Perücken, Haarteile, Brillen, Krückstöcke und andere Accessoires, die etwas »Typisches« aus dem jeweiligen Lebensabschnitt vermitteln, Make-up nach Belieben, schwarze Kostüme oder Anzüge für die beiden Helfer
Requisiten: ein Ring mit großem Stein, ein großes, blickdichtes schwarzes Stofftuch
Ton: das Geräusch von drei zerplatzenden Luftballons

Eingangsszene: Tanja und Robert laufen Hand in Hand und sich verliebt in die Augen schauend über die Bühne. Hin und wieder bleiben sie stehen und umarmen und küssen sich innig.

Tanja: *(zu Robert)* Kann es nicht immer so bleiben wie heute?
Robert: *(sie an sich ziehend und küssend)* Das wird es!
Tanja: *(seufzend)* Schön wär's ja!
Robert: Wir beide sind etwas ganz Besonderes!
Tanja: *(nickend)* Das denke ich ja auch, aber vielleicht ist es nur am Anfang so schön! Man weiß ja nie, was noch kommt …
Robert: Wir kennen uns doch nun schon seit drei Wochen, und es wurde bis jetzt immer schöner!
Tanja: *(sich an ihn schmiegend)* Ja, das stimmt. Aber ob das auch nach vielen Jahren noch so ist?
Robert: Warum sollte sich denn etwas zwischen uns ändern?
Tanja: Wenn ich an einige Freunde meiner Eltern denke, die schon seit Jahren miteinander verheiratet sind, dann habe ich nicht den Eindruck, dass die große Liebe immer ewig dauert!

Robert: *(abwinkend)* Ach was, es kommt doch immer auf einen selbst an, was man daraus macht! *(neckisch)* Wolltest du mich denn irgendwann heiraten?

Tanja: *(etwas unsicher)* Das weiß ich jetzt noch nicht, aber ich dachte …

Robert: *(sie unterbrechend und vor ihr gespielt galant auf die Knie fallend, die linke Hand am Herzen und im Gedichtstil deklamierend)* Liebste Tanja: Du bist mein und ich bin dein. Zusammen wollen wir glücklich sein!

Tanja: *(lachend)* Deinen Minnesang kannst du dir für unsere goldene Hochzeit aufheben! Wenn wir die noch erleben, wäre das dann wirklich lustig!

Robert: Um dich werben muss ich doch aber, bevor wir heiraten! *(stutzt und hebt etwas vom Boden auf)* Schau mal, was ich gefunden habe! *(Tanja hockt sich neben ihn. Robert zeigt ihr einen Ring)*

Tanja: Ein Ring! Mit einem richtig schönen Stein! Sieht ganz schön wertvoll aus, findest du nicht?

Robert: *(nickend)* Ja, und so altmodisch. Wie im Märchen!

Tanja: *(aufgeregt)* Genau! Ein Zauberring! *(Beide stehen auf und tasten den Ring ab)* Die Steinfassung scheint etwas locker zu sein, man kann sie drehen.

Sie dreht den Stein, und es gibt einen lauten Knall. Tanja und Robert versteinern in ihrer zuvor eingenommenen Haltung. Die beiden schwarz gekleideten Helfer laufen mit einem großen, ausgebreiteten, schwarzen Tuch auf die Bühne, stellen sich damit vor die beiden, sodass das Publikum sie nicht mehr sehen kann, und die ganze Gruppe geht ab.
Gleich darauf kommt die Gruppe wieder auf die Bühne. Dieses Mal hat sich das »mittelalterliche« Paar hinter dem Tuch versteckt. Beide nehmen die Haltung ein, die sie zuvor als junges Paar bei dem Knall hatten; die Helfer gehen mit dem Tuch ab.

Robert: *(sich bewegend und räuspernd)* Komisch, ich fühle mich ganz steif!

Tanja: *(sich streckend und schmerzvoll das Gesicht verziehend)* Aua, mein Rücken! Jeder Knochen tut mir weh!

Robert: Ich wusste einen Moment lang gar nicht mehr, wo ich bin.

Tanja: Ich fühle mich auch etwas benommen. *(schaut sich um)* Es wird auch schon langsam dunkel, und wir sollten nach Hause gehen. Die Kinder wollten doch heute Abend vorbeikommen, und sie machen sich immer gleich Sorgen, wenn wir nicht zu Hause sind!

Robert: *(unwillig)* Ach, die wollen doch nur pünktlich essen, weil Maria wieder den ganzen Tag auf Diät war und Jochen sowieso nie Zeit zum Kochen hat.

Tanja: Nun sei doch nicht so streng mit den beiden!

Robert: Ich freue mich ja auch, sie zu sehen, aber lass es nicht so spät werden, ich habe eine wichtige Sitzung morgen früh! *(die beiden gehen nebeneinander langsam über die Bühne)*

Tanja: Das hört sich ja so an, als ob ich nie ein Ende finden würde!

Robert: Du redest eben gern und viel!

Tanja: *(empört)* Wie bitte? Ich frage, wie es meinen Kindern geht, und höre ihnen zu, weil *(betont) ich* nämlich Interesse an ihrem Leben habe!

Robert: *(bleibt stehen und verschränkt die Arme vor der Brust)* Willst du mir damit unterstellen, dass ich kein Interesse an meinen Kindern habe! Ich komme ja bei dir kaum zu Worte …

Tanja: *(schnippisch)* Wer etwas wissen will, findet schon seinen Weg! *(auf seinen Schuh deutend)* Dein Schnürsenkel ist übrigens auf.

Robert: *(bückt sich brummig und schnürt seinen Schuh wieder zu. Plötzlich hält er in seiner Bewegung inne)* Tanja! Schau mal, was ich hier gefunden habe. Einen Ring!

Tanja: *(sich bückend)* Der sieht aber schön aus! Mit einem riesigen Stein!

Robert: *(aufgeregt)* Sieht irgendwie gar nicht echt aus, und doch funkelt er von allen Seiten.

Tanja: *(ihm den Ring aus der Hand nehmend)* Sieh an, der Stein lässt sich drehen!

In diesem Moment hört man wieder einen lauten Knall. Die Szene mit den schwarz gekleideten Helfern wiederholt sich, nur dass beim Zurückkommen das »Seniorenpaar« Tanja und Robert hinter dem Tuch verborgen ist. Beide recken sich ein bisschen hin und her. Tanja macht ein paar Kniebeugen, Robert streckt die Arme in die Luft.

Tanja: *(kichernd)* Ich glaube, ich bin einen Moment weggenickt!

Robert: *(sie besorgt am Arm fassend)* Ich bin auch einen Moment abgeschweift. Geht's jetzt wieder?

Tanja: *(nickend)* Ja, ja. Das muss wohl das Wetter sein. Den ganzen Tag war es schon so heiß!

Robert: *(sich bei ihr unterhakend und langsam neben ihr hergehend)* Ein herrlicher Abendspaziergang! Nach dem ganzen Trubel gestern ist es schön, allein mit dir hier die Ruhe zu genießen.

Tanja: *(lächelt ihn zärtlich an)* Das stimmt, obwohl die Feier doch wirklich gelungen war!

Robert: *(nickend)* Da hast du Recht! Es war auf jeden Fall der schönste 50-jährige Hochzeitstag, den ich je hatte!

Tanja: *(neckisch)* Ich glaube, für mich war es auch einer meiner schönsten …

Robert: *(gespielt entrüstet)* So, so: Einer deiner schönsten … Wer weiß, ob du das bei der diamantenen Hochzeit auch noch sagen kannst. *(kneift sie leicht in den Arm)*

Tanja: *(zieht den Arm weg, wobei ihr Blick auf den Boden fällt)* Schau mal! *(Robert schaut auf den Boden. Tanja bückt sich und hebt den Ring auf)* Was für ein hübscher Ring!

Robert: Er sieht aus wie aus einem Märchen! Vielleicht haben wir ja drei Wünsche frei, wenn wir ihn ein bisschen hin- und herdrehen.

Er nimmt Tanja den Ring aus der Hand und dreht am Stein. In diesem Moment ertönt der dritte Knall. Die Szene mit den schwarz gekleideten Helfern wiederholt sich ein drittes Mal. Hinter dem Tuch ist jetzt wieder das junge Paar der Anfangsszene in der gleichen Kleidung versteckt. Beide schütteln etwas verwirrt den Kopf, um wieder zu sich zu kommen, wenden sich dann einander zu und umarmen und küssen sich.

Tanja: Ich dachte einen Moment, ich sei vor lauter Liebe in Ohnmacht gefallen!

Robert: *(nachdenklich)* Und ich hatte gerade einen interessanten Tagtraum!

Tanja: *(neugierig)* Ging es um uns?

Robert: Hm.

Tanja: *(ungeduldig)* Nun erzähl schon!

Robert: *(schüttelt den Kopf)* Das will ich lieber für mich behalten.

Tanja: *(schmollend)* Das ist aber gemein! Wenn du jetzt schon mit deinen kleinen Geheimnissen anfängst, dann heirate ich dich lieber doch nicht!

Robert: *(zieht sie an sich)* O doch, genau das wirst du. Und Angst brauchst du auch nicht zu haben! Jetzt ist es schon toll mit uns, in der Mitte gibt es mal eine etwas anstrengende Phase, aber später dann …

Tanja: *(verwirrt)* Bist du plötzlich zum Wahrsager geworden? Und was heißt denn später? Wenn wir schon 60, alt und grau sind, kaum mehr kriechen können und nur noch Blödsinn plappern?

Robert: *(auflachend)* Älter als 60! Meinetwegen auch grau! Aber von nicht mehr kriechen können und nur noch Blödsinn plappern keine Spur!

Tanja: *(erstaunt)* Woher weißt du denn …?

Robert: *(verschmitzt)* Wart's nur ab. Du hast die nächsten 50 Jahre Zeit, um mein kleines Geheimnis zu erfahren!

Familienrat

Sketchdauer: ca. 15 Minuten
Personen: Vater, Mutter, ihre Kinder Daniela und Steffen, 19 und 17
Mobiliar: Esszimmertisch und vier Stühle
Kostüme: Alltagskleidung nach Belieben
Requisiten: Block und Stift

Eingangsszene: Die vierköpfige Familie hat sich am Esstisch versammelt. Vater und Mutter machen ernste Gesichter, die beiden Jugendlichen wirken in ihrer lässigen Haltung auf ihren Stühlen eher etwas genervt.

Vater: *(ernst)* Ich möchte wirklich nicht, dass morgen etwas schief läuft. Also gehen wir am besten mögliche Stolpersteine noch einmal kurz durch.

Daniela: Wir haben eigentlich schon alles besprochen!

Steffen: *(zustimmend)* Seit Wochen reden wir doch von nichts anderem!

Mutter: *(ermahnend)* Opas 80. Geburtstag ist uns allen wohl noch in guter Erinnerung!

Vater: *(kopfschüttelnd)* Was für eine Katastrophe!

Mutter: *(nickend)* Und deshalb haben wir ein paar Punkte zusammengestellt, an die sich dieses Mal *(mit strengem Blick auf ihre beiden Kinder)* gehalten wird.

Steffen: *(stöhnend)* O Gott!

Daniela: *(ironisch)* Wird das ein Spaß!

Vater: *(streng)* Es ist mir ganz egal, was ihr beide von den anderen Familienmitgliedern und ihren Macken haltet. Ich will einfach nur, dass ihr euch dieses Mal benehmt und nicht wieder MEINE Familie unangenehm auffällt und zu Tratsch und Klatsch Anlass gibt!

Mutter: *(empört)* Was heißt hier Familie? Ich …

Vater: *(korrigierend)* Du bist natürlich ausgenommen!

Daniela: Klatsch und Tratsch? Na, wenn schon! Da haben die Langweiler sich hinterher wieder etwas zu erzählen!

Vater: *(mit der Hand auf den Tisch schlagend)* Schluss jetzt! *(zieht den Block zu sich heran, reißt vier Blätter ab und verteilt sie an die restlichen drei Personen. Alle schauen auf die Blätter, und der Vater beginnt vorzulesen)* Punkt 1: Alle Personen treten vollständig bekleidet an! *(blickt in Richtung seiner Tochter)*

Daniela: *(entrüstet)* Ein Minirock ist ein vollständiges Kleidungsstück!

Vater: *(sarkastisch)* Ich dachte bei diesem Punkt eher an das bauch-, rücken- und brustfreie T-Shirt! *(liest weiter)* Punkt 2: Experimente mit Haarteilen und gefärbten Rastalocken an sich oder anderen Gästen werden erst NACH der Veranstaltung vorgenommen! *(Blick in Richtung seines Sohnes)*

Steffen: *(lässig)* Ich wollte ja nur etwas Licht und Farbe in den grauen Verein bringen!

Vater: *(ablesend)* Punkt 3: Sämtliche bekannte und unbekannte Haustiere bleiben zu Hause!

Daniela: *(protestierend)* Wo hätte ich Ullis Ratte denn lassen sollen? Ich trug doch an diesem Tag für sie die Verantwortung, und Mamis Kater hätte sie bestimmt irgendwo gefunden, wenn sie hier geblieben wäre!

Mutter: *(zu ihrem Mann)* Lass mich mal weiterlesen! Punkt 4: Über anwesende Personen wird – wenn überhaupt – leise, unauffällig und respektvoll gesprochen. *(Steffen stöhnt auf)*

Vater: *(wütend)* Unsere 90-jährige Tante Erna brauchte eine Woche, um sich davon zu erholen, dass du sie als »die Braut dahinten« bezeichnet hast, und Onkel Jochen hat mich gefragt, ob wir uns alle mit »Ey Kumpel« zu Hause begrüßten!

Steffen: *(achselzuckend)* War gar nicht böse gemeint!

Mutter: *(fortfahrend)* Punkt 5: Wir merken uns, dass ein Häppchen zwar ein kleiner Happen ist, jedes Häppchen aber nicht zwangsläufig in einem Stück verspeist werden muss. Das gilt vor allem für die größeren so genannten Canapés. *(Blick in Richtung ihrer Tochter)*

Daniela: Ich hatte eben Hunger, und die Dinger waren echt spitze!

Mutter: Punkt 6 betrifft das Trinken. *(Steffen stöhnt auf)* Gläser sind Trinkgefäße und kein Ersatz für Aschenbecher. *(Blick auf ihren Sohn)* Auch Bier kann man bei besonderen Gelegenheiten durchaus aus diesen praktischen Gefäßen zu sich nehmen, anstatt es aus Flaschen in sich hineinzuschütten!

Vater: *(sich räuspernd)* Vorletzter Punkt: Überraschungen im Festprogramm überlassen wir dem Planungskomitee oder sprechen eigene Ideen VORHER mit ihnen ab. *(Blick auf die Tochter)*

Daniela: *(murrend)* Ich hatte doch gerade diesen tollen Kurs im Bauchtanzen gemacht!

Vater: Und Punkt 8: Eine Rede ist eine feierliche und ernst zu nehmende Angelegenheit auf einer Veranstaltung, die mit Respekt ertragen ..., ähm *(sich peinlich berührt korrigierend)*, ich meine natürlich ERFASST *(Daniela und Steffen kichern leise)* werden soll. Geräusche jeder Art *(Blick zu seinem Sohn)* wirken daher mehr als störend!

Steffen: Es war nur so warm und gemütlich, ... mein voller Bauch ...und dann die monotone Stimme von Onkel Jochen ...

Daniela: *(nickend)* Und kein Ende in Sicht ...

Mutter: Das ist noch lange kein Grund, ein Nickerchen zu machen! *(Der Vater schaut von seinem Zettel auf in die Runde)*

Daniela: *(erstaunt)* Das war's?

Steffen: *(ebenso überrascht)* War's das?

Vater: *(irritiert)* Ja, wieso? Reicht das nicht?

Daniela und Steffen: *(stammelnd)* Ehm ... , nein, ... doch!

Mutter: *(argwöhnisch)* Was habt ihr denn noch erwartet? *(zu ihrem Mann)* Haben wir vielleicht etwas Wichtiges übersehen?

Vater: *(nachdenklich auf seinen Zettel schauend)* Ich denke eigentlich nicht ...

Daniela: *(aufstehend)* Na, dann ist ja alles klar.

Steffen: *(ebenfalls aufstehend)* Wird schon alles schief gehen morgen, keine Sorge!

Mutter: *(unsicher)* Das meinst du doch nicht im Ernst?

Vater: Heißt das, dass ihr euch nicht an diese Punkte halten werdet?

Daniela: *(nachdrücklich)* Natürlich werden wir uns daran halten!

Steffen: *(lässig abwinkend)* Das sind doch Kleinigkeiten!

Daniela: *(ebenso lässig abwinkend)* Peanuts! *(Mutter und Vater schauen die beiden verständnislos an. Erklärend)* Wir haben uns schon Sorgen gemacht und dachten, ihr würdet uns z. B. verbieten, wieder alle übrig gebliebenen Essensreste einzutüten, um sie am nächsten Tag in der Schule zu verkaufen, oder andere als unsere eigenen Schals und Mäntel mit nach Hause zu nehmen.

Steffen: *(ebenfalls erleichtert ausatmend)* Und ich hatte schon Angst, ich müsste meinen 20 Motoradkumpels absagen, die sich überraschend für morgen angesagt haben und die ich in Opa und Omas Haus unterbringen will, weil sie so kurzfristig bestimmt keine Unterkunft mehr finden.

Daniela: *(wütend)* Das erwähnst du erst jetzt? Was soll ich nun der Filmproduktionsfirma sagen, an die ich für morgen Nacht die drei Zimmer dort oben für Innenaufnahmen vermietet habe? *(Vater und Mutter schauen die beiden mit aufgerissenen Mündern völlig entsetzt an)*

Neues aus aller Welt

Sketchdauer: ca. 3-5 Minuten
Personen: Frau und Herr Scheibel
Mobiliar: Esstisch und zwei Stühle
Kostüme: zwei Bademäntel
Requisiten: Frühstücksgeschirr und eine Tageszeitung

Eingangsszene: Herr und Frau Scheibel sitzen sich in bequemen Bademänteln am Frühstückstisch gegenüber. Beide sind damit beschäftigt, einen Teil der Tageszeitung zu lesen.

Frau Scheibel: *(aufgeregt)* Das ist ja toll!!

Herr Scheibel: *(mürrisch)* Was denn? Ich lese gerade den Wirtschaftsteil!

Frau Scheibel: *(ungeduldig)* Immer noch? Den habe ich dir doch schon vor einer halben Stunde gegeben!

Herr Scheibel: Ich lese eben *(betont) alle* Artikel in der Zeitung und nicht nur die Überschriften!

Frau Scheibel: *(lässig)* Ich habe auch *(betont) alle* Artikel im Wirtschaftsteil gelesen – und das bereits vor einer halben Stunde!

Herr Scheibel: *(etwas ungeduldig)* Dann lass mich jetzt kurz in Ruhe, damit ich ihn auch zu Ende lesen kann.

Frau Scheibel: *(schaut auf ihre Zeitungsseite und lacht auf)* Das ist wirklich interessant. Lass mich doch mal schnell vorlesen! Es dauert auch nicht lange!

Herr Scheibel: *(lässt seufzend seine Zeitungsseiten fallen)* Also gut! Aus welchem Teil ist die Meldung denn? *(beugt sich nach vorn, schielt hinter die Zeitungsseiten seiner Frau und liest vor. Verächtlich) Neues aus aller Welt!* Ich hab's gewusst!

Frau Scheibel: *(achselzuckend)* Na und? Das ist mein Lieblingsteil – manchmal aktueller als Wirtschaft und Politik und in jedem Fall lustiger!

Herr Scheibel: *(ergeben)* Na gut. Lies vor!

Frau Scheibel: *(amüsiert vorlesend)* Überraschung am Hochzeitstag. Zu ihrem *(anerkennendes Pfeifen)* 70. Hochzeitstag bekamen Elli und Rudi Gärtner von Familie und Freunden eine vierwöchige Reise in die Antarktis geschenkt. Die 90-jährigen Jubilare, die sich in einem beneidenswerten Gesundheitszustand befinden, traten diese Reise auch wie geplant an und erreichten ihr Ziel, kamen aber nie zurück …

Herr Scheibel: *(sie unterbrechend)* In diesem Alter sollte man solche großen Reisen auch nicht mehr unternehmen. Da weiß man nie, was passieren kann!

Frau Scheibel: *(ungeduldig)* Lass mich weiterlesen!

Herr Scheibel: *(abwinkend)* Ich weiß schon, was kommt: Von Haien gefressen, Herzinfakt, ertrunken …

Frau Scheibel: *(vorwurfsvoll und kopfschüttelnd)* Von wegen! *(liest weiter)* … kamen aber nie zurück, weil ihnen *(jetzt betonend)* die Reise *so gut* gefallen hat, dass sie sich dazu entschlossen haben, ihr Häuschen hier gegen ein Iglu dort einzutauschen und den Rest ihres Lebens gemeinsam bei den Pinguinen zu verbringen!

Albträume – Albschäume?

Sketchdauer: ca. 3-5 Minuten
Personen: Erwin und Camilla, beide 80-90
Mobiliar: ein großes Doppelbett oder zwei Matratzen, zwei Nachttische
Kostüme: Schlafanzüge oder Nachthemden
Requisiten: Kopfkissen und Bettdecken, ein Wecker
Ton: Weckerklingeln

Eingangsszene: Erwin wälzt sich unruhig auf einer Seite des Bettes hin und her. Camilla ist unter der Bettdecke auf der anderen Seite vollständig verborgen und liegt ganz ruhig. Auf Erwins Nachttisch steht ein Wecker.

Erwin: *(unruhig murmelnd)* Nein …, nicht gerade heute! Geh weg! *(wirft sich hin und her)* Was willst du von mir? Ich kenne dich gar nicht! … Welche Frau??? *(zuckt mit den Füßen)* Seit 60 Jahren verheiratet? So alt bin ich ja noch gar nicht! *(schreckt plötzlich hoch und reibt sich die Augen, völlig verschlafen)* Wo bin ich überhaupt? *(tastet automatisch mit einer Hand nach Camilla, die weiter bewegungslos auf ihrer Bettseite liegt, leicht beruhigt)* Sie ist da! Alles in Ordnung! *(schaut auf den Wecker)* Es ist ja noch früh! *(legt sich wieder hin, schließt die Augen und beginnt kurze Zeit später erneut, sich unruhig hin- und herzuwälzen, zitternd)* Da sind sie ja wieder! Und so viele! Ich kann gar nicht mehr treten …, und jetzt stürzen sie sich auf das Essen! *(undeutlich)* Sie werfen alles auf den Boden und zertrampeln es. *(angstvoll)* Hilfe, ich rutsche aus … *(wälzt sich hin und her)* Wer ist der kleine Teufel dort in der Ecke? Warum grinst du mich so an? *(macht im Bett mit den Beinen Weglaufbewegungen)* Nur weg hier! … *(panisch)* Nein! Ich bin festgeklebt! Sie kommen auf mich zu! Hilfe!!! Wer sind diese

Fratzen? *(beginnt mit den Händen in der Luft herumzurudern, als ob er unsichtbare Feinde abwehren wolle, laut und panisch)* CAMILLA! *(schreckt wieder hoch, richtet sich im Bett auf, lauter)* CAMILLA!!! *(In diesem Moment klingelt der Wecker)*

Camilla: *(bewegt sich langsam unter ihrer Bettdecke, die sie dann wegzieht, und richtet sich lächelnd auf. Sie streckt sich behaglich und wendet sich heiter dem zitternden und verstörten Erwin zu)* Du hast Recht. Wir sollten uns endlich einmal einen Radiowecker kaufen, um von schöner Musik anstatt von diesem furchtbaren Geklingel geweckt zu werden! *(Da er sie verständnislos anstarrt, tätschelt sie ihm die Wange und kuschelt sich behaglich an ihn)* Fühlst du dich auch so erfrischt nach dieser Hochzeitsnacht vor unserem heutigen 60. Jubiläum? *(steigt vorsichtig aus dem Bett und küsst den bewegungslos im Bett sitzenden Erwin)* Bestimmt werden wir heute einen ganz wunderbaren Tag mit all unseren lieben Gästen verbringen! Meinst du nicht auch, Erwin? *(Erwin stöhnt leise auf)*

Auf Sendung

Sketchdauer: ca. 5 Minuten
Person: Die Radiomoderatorin Manuela, 25-30
Mobiliar: Tisch und Stuhl
Kostüm: supermoderne, grell farbige, schicke Arbeitskleidung
Requisiten: Mikrophon und Kopfhörer, Schaltkasten (oder Attrappe), Musikgerät und Tonträger nach Wahl
Ton: Unterhaltungsmusik nach Belieben

Eingangsszene: Manuela sitzt am Tisch, auf dem (in Reichweite) der Schaltkasten und (dicht an ihrem Mund) ein Mikrophon stehen. Sie hat Kopfhörer aufgesetzt, und es ertönt Musik, zu der sie sich rhythmisch auf ihrem Stuhl hin- und herbewegt. Die Musik wird immer leiser und Manuela drückt einen Knopf am Schaltpult.

Manuela: Hallo und willkommen zu unserer Sendung *Spaß am Nachmittag*. Ich bin Manuela, und heute geht's hier um das Thema *(betont fröhlich)* Hochzeit! Viele von unseren Hörern wollen vielleicht bald heiraten, einige haben gerade geheiratet, und viele werden das demnächst tun. *(beschwingt)* Die letzten Meinungsumfragen bestätigen, dass Heiraten momentan *(langgezogen)* un-heim-lich im Trend liegt! Also schnell das Aufgebot bestellen, *(lachend)* bevor Ihnen ein anderes Paar den gewünschten Termin wegschnappt! *(Sie macht eine kleine Pause und räuspert sich)* Uns geht es heute aber nicht um die noch nicht verheirateten Paare, sondern um die, die schon länger zusammen sind und den *(betont)* Grünschnäbeln ein paar gute Ratschläge auf ihren Eheweg mitgeben wollen. *(drückt auf einige Knöpfe auf ihrem Schaltpult)* Und da haben wir ja auch schon unseren ersten Anrufer! *(drückt eifrig weiter)* Hallo? Hallooo? Ja, ich kann Sie nur ganz schwer hören! Frau Brause?

Aha, wie lange ...? Was? Seit 16 Jahren sind Sie mit Ihrem Mann verheiratet! Eine schöne Zahl! Wie bitte? Können Sie etwas lauter sprechen? Er schläft neben ihnen? *(betont fröhlich)* Ja, liebe Zuhörer, da haben wir ja schon den ersten Tipp für eine glückliche Ehe: Ein Nachmittagsschläfchen hält fit. Am Abend wird es dann umso aufregender! *(ins Mikrophon)* Wie bitte? Etwas deutlicher bitte, ich kann Sie nicht verstehen! Sie sind heiser? *(etwas irritiert)* Nun ... *(sich schnell wieder fassend)* ... das kommt sicher vom Singen fröhlicher Lieder während Ihrer Ehe! Was? Können Sie das noch einmal wiederholen? Geschwollene Füße und dicke Beine? *(sich räuspernd)* Hm, *(mit einer Hand leicht verzweifelt gestikulierend und krampfhaft fröhlich)* Sie haben in diesen 16 Ehejahren eben bestimmt so manches Tänzchen bei all den vielen gemeinsamen Jubiläen aufs Parkett gelegt; *(lachend)* da kann es schon zu dem einen oder anderen Zipperlein kommen ... *(drückt einen anderen Knopf und rückt an den Kopfhörern herum, erfreut)* Jetzt verstehe ich Sie besser! *(entsetzt und laut)* Was? Nicht 16, sondern 60 Jahre sind Sie verheiratet ..., seit zwei Tagen fast ohne Stimme, und wegen der dicken Beine und Füße können Sie zur Zeit auch nicht aus dem Haus gehen??? Und Ihr Mann? ... Schläft seit zwei Tagen fast ununterbrochen und ist auch keine große Hilfe ... Verstehe! Aber warum rufen Sie denn ausgerechnet hier bei uns an? *(nachdrücklich)* Nein, das ist nicht die Sendung *Rat*, sondern *Spaß am Nachmittag!*

Ein toller Hecht

Sketchdauer: ca. 10 Minuten
Personen: der Chefkoch und zwei Mitarbeiter
Mobiliar: Tisch
Kostüme: Kochmütze, weiße Kochkleidung für den Koch, weiße Küchenkittel für die beiden Mitarbeiter
Requisiten: kleine Schneidemesser und Bretter, Tomaten, Gurken, Karotten etc. nach Belieben, einige Töpfe und/oder Pfannen, kariertes Küchenhandtuch, weitere Kochutensilien und Geschirr

Eingangsszene: Auf der Bühne, quer zum Publikum, steht ein Tisch, an dem zwei Küchenhelfer damit beschäftigt sind, Gemüse oder Obst zu schneiden. Auf dem Tisch stehen Töpfe, Schalen oder Schüsseln. Alles wirkt sehr geschäftig. Der Küchenchef erscheint wutentbrannt auf der Bühne und steuert auf die beiden zu, die ihre Arbeit unterbrechen und ihn fragend ansehen.

Küchenchef: *(wütend)* Warum kommt nicht wenigstens einer von euch mal nachsehen? *(da die beiden Küchenhilfen sich verständnislos ansehen, mit ausholender Handbewegung)* Habt ihr denn nichts gehört?

Küchenhilfe 1: Was gehört?

Küchenhilfe 2: Ich habe nichts gehört!

Küchenchef: *(ungläubig)* Ihr wollt mir also sagen, dass ihr von dem ganzen Theater dort draußen *(Handgeste)* nicht das Geringste mitbekommen habt? *(beide schütteln verwundert den Kopf)* Draußen schreit alles Zeter und Mordio, und ihr schnippselt seelenruhig eure Erbsen und Karotten!

Küchenhilfe 1: *(dümmlich)* Tomaten und Gurken!

Küchenhilfe 2: *(nickend)* Die Karotten kommen erst später an die Reihe, aber *(dümmlich)* Erbsen ...?

Küchenchef: *(ungeduldig mit der Hand auf die Tischplatte schlagend)* Ihr wisst genau, was ich meine. *(deprimiert)* Wir hatten alles so schön im Griff. Alle Gäste waren begeistert von unserem Büfett, und gerade für die älteren Herrschaften waren so viele unkomplizierte, leicht verdauliche Leckerbissen dabei!

Küchenhilfe 1: Warum gab es Ärger, wenn alle Gäste so begeistert von unserem Essen waren?

Küchenchef: *(aufgebracht)* Ärger?? Das ist wohl kaum der richtige Ausdruck! *(fuchtelt nervös mit den Händen hin und her)* Opa ist am Ersticken!!!

Küchenhilfe 2: *(verwundert)* Am Ersticken? An der Kartoffelcremesuppe ohne Würstchen?

Küchenhilfe 1: *(ebenso begriffsstutzig)* An der Leberpastete ohne Pfefferkörner?

Küchenchef: *(kopfschüttelnd)* Nein, an *unserem* Büfett lag es nicht!

Küchenhilfe 1: Ja, gab es denn noch ein zweites?

Küchenchef: *(zynisch und nickend)* Wohl eher ein Überraschungs-Büfett in einem Stück!

Küchenhilfe 2: In einem Stück?

Küchenchef: *(erklärend)* Ein Fisch!

Küchenhilfe 1: *(verständnislos)* Ein Fisch?

Küchenchef: *(ausführend)* Opas Anglerclub hat Opa ohne Absprache mit irgend jemandem einen riesigen Hecht zu seiner heutigen Jubiläumsfeier mitgebracht!

Küchenhilfe 2: *(mit großen Augen)* Donnerwetter, einen echten Hecht?

Küchenhilfe 1: *(interessiert)* Einen lebendigen?

Küchenchef: *(mit einem ungeduldigen Blick)* Nein! Wäre der Fisch noch lebendig gewesen, hätte Opa jetzt nur einen kleinen Biss! *(seufzend)* Er war schon gekocht und aufs Feinste zubereitet – es sollte wohl eine besondere Überraschung sein!

Küchenhilfe 2: *(anerkennend)* Das war es für Opa sicher auch, oder?

Küchenchef: *(ironisch)* Ja, sicher. Für uns war die Überraschung aber noch viel größer, denn Opa war so begeistert von dem Prachthecht, dass er sich sofort gierig ein paar Stücke in den Mund stopfte und sich prompt an einer Gräte verschluckte!

Küchenhilfe 1: *(erleuchtet)* Ah! Und deshalb schrieen alle so!

Küchenhilfe 2: *(zusammenfassend)* Was wir aber hier aus der Küche nicht hören konnten!

Küchenhilfe 1: *(besorgt)* Und wo ist sie jetzt?

Küchenchef: *(begriffsstutzig)* Wer?

Küchenhilfen 1 u. 2: *(ungeduldig im Chor)* Die Gräte!

Küchenchef: *(resigniert)* Die Gräte steckt wohl noch in Opas Hals – es sei denn, seine Fischerfreunde haben es geschafft, sie wieder herauszuangeln, oder die Feuerwehr ist endlich eingetroffen.

Kunst

Sketchdauer: ca. 10 Minuten
Personen: Renate und Anna, 30-35
Mobiliar: zwei weiße Stellwände oder Tafeln, die mit einem flächendeckenden weißen Stoff oder Papier verkleidet sind, als Ausstellungswände, Bilder und Bilderrahmen in unterschiedlicher Größe
Kostüme: gepflegte Straßenkleidung nach Belieben, z. B. Kostüme oder schicke Hosenanzüge

Eingangsszene: Die Stellwände stehen Eck an Eck offen zum Publikum. Auf ihnen befinden sich Bilder, die überwiegend Frauenporträts darstellen. Die beiden Freundinnen gehen langsam auf die Ausstellung zu.

Anne: *(eifrig erklärend)* Gogo ist bei uns ja ziemlich unbekannt, obwohl er eine lange Zeit in unserer Stadt gelebt hat! Diese Ausstellung anlässlich seines 85. Geburtstages ist überhaupt seine erste Ausstellung in Deutschland.

Renate: *(in Gedanken)* 85 Jahre! Genau so alt wie meine Großeltern! *(zu Anne)* Die beiden haben übrigens letztes Wochenende ihre goldene Hochzeit gefeiert!

Anne: *(herzlich)* Gratulation! 50 Jahre zusammen ist ja eine lange Zeit!

Renate: *(nickend)* Ja, und das Tolle ist, dass sie immer ein Herz und eine Seele waren!

Anne: *(aufseufzend)* Heutzutage halten die meisten Ehen ja nicht mehr so lange.

Renate: *(nickend)* Liebe und Treue zählten früher vielleicht mehr! *(auf eins der Bilder mit einem Frauenporträt zeigend)* Das Bild der Frauen hat sich natürlich auch geändert! So würde sie heutzutage ja keiner mehr malen!

Anne: *(dichter an das Bild tretend)* Was meinst du?

Renate: *(erklärend)* Ich finde, sie sehen so zart und passiv …, fast unterwürfig aus!

Anne: *(lachend)* Das sind bloß erste Studien von frühen Freundinnen aus seiner Jugendzeit! *(zieht sie mit sich)* Es gibt da noch ganz andere Frauenbilder! *(erklärend)* Gogo hatte eine ganz große Liebe, von der er Zeit seines Lebens nie loskam! *(läuft suchend von Bild zu Bild)* Mm …, mal sehen, ob ich sie finde … Ich habe gelesen, dass sie ihm letztendlich das Herz gebrochen hat.

Renate: *(interessiert)* Hat sie seine Gefühle denn nicht erwidert?

Anne: Doch, aber sie war verheiratet … *(verschwörerisch)* Die beiden hatten eine jahrzehntelange heimliche Affäre!!

Renate: *(versonnen)* Wie romantisch!

Anne: *(sarkastisch)* Das war's vielleicht in der ersten Zeit, in der auch seine schönsten Frauenporträts entstanden sind. Die waren allerdings bis jetzt in einem Versteck untergebracht.

Renate: *(verständnisvoll nickend)* Bestimmt hatte er Angst, dass die Bilder die beiden verraten würden!

Anne: Sie hat ihn dann verlassen, worüber er schließlich den Kopf verloren hat. *(zeigt auf ein Bild)* Siehst du hier? Das ist ein Bild aus seiner letzten Schaffensphase: Alles ganz wirr!

Renate: *(das Bild betrachtend und nickend)* Soll sie das sein? Man kann kaum etwas erkennen!

Anne: *(traurig)* Ja, das ist sie! *(aufmunternd)* Aber es gibt noch ein viel schöneres Bild von ihr aus den Anfangsjahren … *(Sie läuft weiter und bleibt dann vor einem Bild stehen, ausrufend)* Da ist es ja! *(zeigt stolz auf das Bild)* Schön, findest du nicht!

Renate: *(sich dicht an das Bild beugend)* Ja, aber …

Anne: *(erstaunt)* Was ist denn?

Renate: *(stotternd)* Das … ist … doch …

Anne: *(überrascht)* Kennst du sie?

Renate: *(fassungslos)* Oma!

Immer passend!

Sketchdauer: 3-5 Minuten
Personen: Elaine und Margret, zwei etwas beleibte, gepflegte Damen in den Siebzigern
Mobiliar: Kaffeetisch und zwei Stühle
Requisiten: Kaffeegeschirr, Kuchen

Eingangsszene: Elaine und Margret sitzen sich gegenüber. Beide essen Kuchen und trinken Kaffee.

Margret: Freust du dich auf morgen?

Elaine: Eigentlich schon! Ich kann mir gar nicht vorstellen, dass Hugo und ich schon 50 Jahre verheiratet sind!

Margret: Und er ist immer noch so aufmerksam zu dir!

Elaine: Ja, das stimmt, obwohl er sich in letzter Zeit des öfteren über meine Behäbig- und Kurzatmigkeit beschwert …

Margret: *(abwinkend)* Ach lass mal! Das meint er nicht so! Wir werden schließlich alle älter und haben das eine oder andere Zipperlein! Hugo vergöttert dich doch! Denk nur an seine Hochzeitsgeschenke! *(seufzend)* Immer passend!

Elaine: Wozu passend?

Margret: *(begeistert)* Na zu dir, deinem Aussehen, Auftreten, deiner ganzen Person! Ich erinnere mich noch an die langbeinige, verspielte, schlanke Setterhündin, die er dir zu eurem ersten Hochzeitstag mitbrachte!

Elaine: *(in Erinerungen lächelnd)* Das war ein tolles Tier!

Margret: *(nickend)* Sie erinnerte ihn an dich!

Elaine: *(geschmeichelt)* Meinst du? *(leicht betrübt)* Ja, damals …

Margret: *(sie schnell unterbrechend)* Und war es nicht zu eurem 20., dass er dir diese eigenwillige, schneeweiße Pudeldame schenkte? *(kichert)* Die hatte genau solche Starallüren wie du damals!

Elaine: *(in Erinnerungen schwelgend)* Ich kann mich noch an die

Blicke unserer spießigen Nachbarn erinnern, wenn ich mit ihr spazieren ging.

Margret: *(lachend)* Das lag wohl vermutlich an den passend aufeinander abgestimmten violetten Straußenfedermäntelchen, die ihr zu diesem Anlass immer gemeinsam getragen habt!

Elaine: *(gespielt schmollend)* Das war eben eine Phase in meinem Leben!

Margret: *(ihr beipflichtend)* Ja, und Hugo wird dich sicher auch jetzt wieder passend überraschen!

Elaine: *(lauernd)* Du meinst also, dass Hugo mir wieder einen Hund schenken wird?

Margret: *(einen Schluck Kaffee trinkend)* Schon möglich, meinst du nicht? Es scheint irgendwie seine Art zu sein, dir zu sagen, was du ihm bedeutest und wie er dich sieht!

Elaine: *(ungehalten)* Was ich ihm bedeute und wie er mich sieht! Ich habe es geahnt!

Margret: *(überrascht)* Was hast du geahnt?

Elaine: *(mit zuammengekniffenen Augen)* Ich habe gestern beim Aufräumen einen ganzen Stapel mit Hundeprospekten und Züchteradressen gefunden … und heute muss Hugo angeblich den ganzen Tag Besorgungen machen …

Margret: *(erfreut)* Siehst du! Ich lag gar nicht so falsch!

Elaine: *(unbeweglich und mit schneidender Stimme)* Nur Hunde einer einzigen Rasse waren abgebildet!

Margret: *(neugierig)* Und?

Elaine: *(kalt)* Kleine, fette französische Bulldoggen!

Nachwort

Die Dauer einer Sache ist nicht unbedingt ein Beweis ihrer Güte, und so sind auch die Anzahl der gemeinsam verbrachten Ehejahre keine Garantie für vergangenes oder zukünftiges Glück.
Verbringen einige Glückspilze unter uns bereits ihre großen Hochzeitsjubiläen miteinander, so müssen die anderen sich bis dahin noch geduldig, aber optimistisch an Erich Kästner halten:

Es hat noch nie jemand eine Schlucht mit zwei kurzen Sprüngen überwunden!

Nehmen Sie also einen großen Anlauf – und springen Sie!

Erfolgsautorin Antje Dohrn bei Urania ...

Antje Dohrn

Lustige Sketche für Familienfeste

ISBN 3-332-01246-0

Antje Dohrn
So wird die Hochzeitsfeier zur Party
Sketche, Spiele und 1000 Ideen
ISBN 3-332-01299-1

Antje Dohrn
Originelle Vortragstexte für jeden Anlass
Sketche, Reden, Verse
ISBN 3-332-01438-2

… 100.000-mal verkauft